経営会計

経営者に必要な本物の「会計力」。

有限責任監査法人 トーマツ■公認会計士
星野 雄滋

LOGICA
ロギカ書房

はじめに

読者の皆さま、こんにちは。

この本をご覧いただきありがとうございます。

会計士となり上場企業とのお付き合いが30年になりました。この間多くの役員の方とお話しする機会に恵まれ、30年という節目を迎えそろそろこの業界に何らかの役に立たなければと思い、筆をとりました。


上場企業は今日、目まぐるしく変わる環境変化の中で厳しい競争にさらされる中、株式市場からは右肩上がりの成長（増収・増益・増配）を期待され相当なプレッシャーの中で経営されています。株主配当のため短期利益を確保し、かつ、長期的な利益を実現していくための投資を怠らずに未来の種をまいていかねばならない、という収穫と種まきの絶妙なバランスが要求されています。極めて高度かつ戦略バランスが必要な経営が求められている時代と言えます。そんな中、ここ数年来の上場企業の一部で起こった出来事を振り返れば、経営理念を忘れた身の丈に合わない過度な成長投資により経営危機に陥った総合電機企業や、当期利益至上主義による経営者主導での大掛かりな会計不正を起こした大手企業A社の事例は記憶に新しいところです。

また、政府が推進する「働き方改革」は、長時間残業、自己犠牲を厭わない働き方をよしとする価値観の転換を求めています。これまで、株主資本主義のもと成長し続けることが上場企業の使命であるといった考え方が背景にあったかもしれません。もし残業が量（売上）的成長を追い短期利益を最大化するという期限目標達成のために発生していたという側面もあるとすれば、働き方改革の目的である生産性の向上とともに、「量から質への転換」も重要なテーマになると考えます。また、そもそも成長とは何か、持続的成長とは何かといった根本的なテーマに向き合うことが必要になってきます。原点に戻れば、上場企業はゴーイングコンサーンであり、事業を継続させていく、つまり永続することがその根本的使命です。

永続していくためには、無理な成長を追わず身の丈に合ったその会社独自の持続的な成長をしていくこと、さらにはステークホルダーからの信頼の基礎となる不正をしないことが、その要諦になると考えます。またその中で、株式市場の期待である「増収・増益・増配」、株主・投資家・当局の要求である「不正の根絶」、社会の要請である「働き方改革」等複層的に重なり合う課題にどう対応していくか重要な経営の舵取りと言えます。

このような問題意識から、改めて、持続的成長の定義、そしてその本質は何かという考察からはじめ、その上で、以下の2つを本書のテーマに設定しました。

「株主をはじめとしたステークホルダーのニーズに応えながら、いかにして会社独自の持続的成長を実現していくか」

「重大な不正を根絶するにはどうしたらよいか」

前者がメインテーマ、後者がサブテーマです。

持続的成長と不正防止は上場企業にとって最も重要なテーマであり、一見別々のテーマに見えるこの2つのテーマですが、実は企業の経営プロセスにおいては、密接不可分の関係にあるのが理由です。そして、本書では、会社独自の成長ポリシーを持つことが、真の持続的成長を果たすことができると考え、「持続的独自成長」というコンセプトを提言しています。

会計士という立場ゆえ、会計的視点で持続的成長を捉えることをベースに置きつつも、読者である役員・リーダーの立場に可能な限り配慮し、経営に活用できるようにする観点から、「会計マネジメント」の内容の充実に配慮しました。

本書のタイトル「経営会計」には次の2つの意味を込めています。

・企業が持続的独自成長と不正防止を実現する際に必要となる会計リテラシー

・役員が経営に活用できる管理会計【会計マネジメント】

本書は、主に、中堅上場企業を念頭に置いたものですが、大企業においても不正防止等の参考にしていただきたいと思います。

本書が、持続的独自成長を真に願う企業の経営者、役員をはじめリーダーの皆様の参考になれば幸いです。

2017年9月

星野　雄滋

目次

第5章　イノベーション

序

序

本書のメインテーマと全体像

1 問題意識と本書のメインテーマ

２０１７年3月期の上場企業の決算は、減収最高益になったという。理由は、成長のため海外シフトが進む中、円高により減収となったが、生産設備投資を最小限にとどめ、ムダをそぎ落としたことにより、為替相場（円高）に左右されない筋肉質の経営が功を奏したと言われている。中には、成熟市場となった汎用製品では量を追わず、成長分野の製品・事業を強化したことにより粗利益率を高めた企業もある。しかし減収増益も限界があり何年も続けられるものではないため、新たな成長機会の獲得、イノベーションの推進を強化すること等により、持続的な成長基盤を確立していくことが重要となる。コーポレートガバナンス・コードにおいても、持続的成長と中長期的な企業価値の向上を図ることがその目的として明記されている。

まず初めに、経済社会・株式市場における企業の行動原理や問題意識について述べてみたい。

・現状の法制度のもとでは、まずは一定の株主配当のための当期利益確保が不可欠である。

・株主や投資家からは、前年比増収増益の期待とプレッシャーを受け、増配等を期待されている。現に、株主還元に配慮し、近年、配当性向を増加させている。

・増益でも増益率が○％止まりと指摘され、主力事業等の成長が鈍化し減益になれば、配当性向を引き上げることで株主の負託に応えている。

・さらに増収増益のプレッシャーに負け、会社のイメージを崩したくないとの世間体や見栄を意識し過ぎて、不正に手を染める企業もある。行き過ぎた成長や短期利益最大化は、不正を生じさせる誘因となっているが、企業の中には、依然として短期志向、当期利益重視志向の価値観が残っている。

・専門誌の調査結果によれば（東洋経済オンライン）、２０１６年までの決算で上場企業約３、６００社中、営業利益が5年以上連続増益企業は２６０社（全体の約7％）、10年以上連続増益企業は25社（全体の１％未満）となっている（最長は26年）。これをみても前年比増収増益を続けることがいかに大変かわかる。まして、目まぐるしく変わり、時には想定できない環境変化の中で、なおさらである。

・それでも、上場企業は常に業績成長を意識して走り続けなくてはならないのか。中堅企業であれば、売上が５００億円を超えたら１、０００億円、１、０００億円を超えたら次は２、０００億円に向かっていくのか。海外展開している企業は、海外売上比率が5割を超え伸びしろが小さくなると、自律的成長だけでは困難になり、M&Aが必要になる。ただ、M&Aも頻繁に行えるものではなく確実に成功するとも限らない。

・将来に向けた再構築や、環境変化への備えのために、いったん立ち止まることは許されないのか。

・常に、高収益を目指した持続的成長でなければならないのか。

・一方、株主・投資家の方はどうかと言えば、第一義的には、一定の株主還元（配当アップや自社株買い）の維持・向上を求めるが、長期的には持続的成長に向け手元資金を戦略的な投資に活用していくことも望んでいる（平成27年度生命保険協会調査）。つまり、短期利益を重視するが長期的な利益も望んでいることがうかがえる。

・企業の方も、株主還元と成長投資の両輪の継続が必要であるとの認識が少しずつ浸透しつつあり、実際、利益見込みが減益でも将来投資と配当の両方を一定の水準で実施しようとする企業も出てきた。

・では、一定の短期利益（収益性）を確保しながら、長期利益を最大化していくにはどうすればよいか。短期と長期のバランスをどのように図っていくのがよいのか。

・業績成長には価値を見出さずに永続することが企業の最大の価値であるとして年輪経営を実践している伊那食品工業は、結果として前人未踏の48年連続増収増益を達成した。株式市場のプレッシャーを受けない非上場企業とはいえ、特筆すべき事項といえる。同社は増収増益を目標にした経営は一切しておらず（実際、売上目標自体がない）、長期視点に立った企業理念に基づく年輪経営を愚直に着実に日々積み重ねてきたことが、このような結果に導いている。

ここに持続的成長のカギが秘められているのではないだろうか。

・上場企業でありながら、このような年輪経営の思想を取り入れることはできないだろうか。

以上が、本書を書くきっかけとなった問題意識である。

これらの問い（問題意識）に対する回答を次のように考え、このメインテーマについて本書で提言をしていきたい。

「そもそも成長とは何か、持続的成長とは何かという本質に迫り自社なりの持続的独自成長のポリシーをもつことが重要である」

「持続的独自成長のポリシーと企業の価値観が明確にある企業こそが持続的成長と不正防止の両方を実現できる」

持続的成長のポリシーを明確に定めるには、以下の問いに答えていくことが必要となる。

・持続可能な業績成長をどう考え、どう実現していくか
・その実現のために、会計マネジメントの果たす役割は何か
・何をもって成長とするか
・自社における持続的成長をどう考えるか
・独自性を目指した持続的成長とはどのようなものか
・持続的成長が不正防止にどのように貢献するか
・上記を支える企業の価値観とは何か

なぜ、このような持続的成長のポリシーを持つことが必要かと言えば、１００年先を見据えた長期経営や年輪経営を実践している企業は、持続的成長についての明確なポリシーを持ち、結果として持続的成長を実現しているからである。そしてこのような長期志向の経営が、長期利益を最大化し、結果的に、株主の利益を高めることになると考える。

また、ポリシーをもって持続的成長を実現していくことは、株主のための当期利益は維持する一方

で、過度な短期利益目標必達のプレッシャーから解放され、不正の誘因を断ち切ることもできる。

さらに、持続的成長ポリシーを通じて株主・投資家との建設的かつ真摯な対話が可能となり、配当政策等の理解の深まりが期待できると思われる。

このように、企業は、持続的独自成長のポリシーを明確にすることで、自らが信ずる持続的成長路線を堂々と歩むことができるのである。

2 本書の全体像（持続的成長のためのマネジメントプロセスの体系）

本書のテーマは、先に述べたように、上場企業が、自社なりにいかなる持続的成長ポリシーを作成し、持続的成長をどのように実現していくか、会社にとってもステークホルダーにとってもハッピーとなるような方策を考えることである。

まず、持続的成長を実現していく際に中心となる7つのテーマを示す。

この7つのテーマは、長期志向の経営のため、持続的成長の実現のために、実践することが重要と考えるテーマであり、日本及び欧米の長期志向の企業が実践している共通項をとりまとめたものである。そしてその実践は、企業のマネジメントプロセスを通じて行われるため、左記の図の中でその位置づけを示す。

持続的成長のためのマネジメントプロセスの体系図

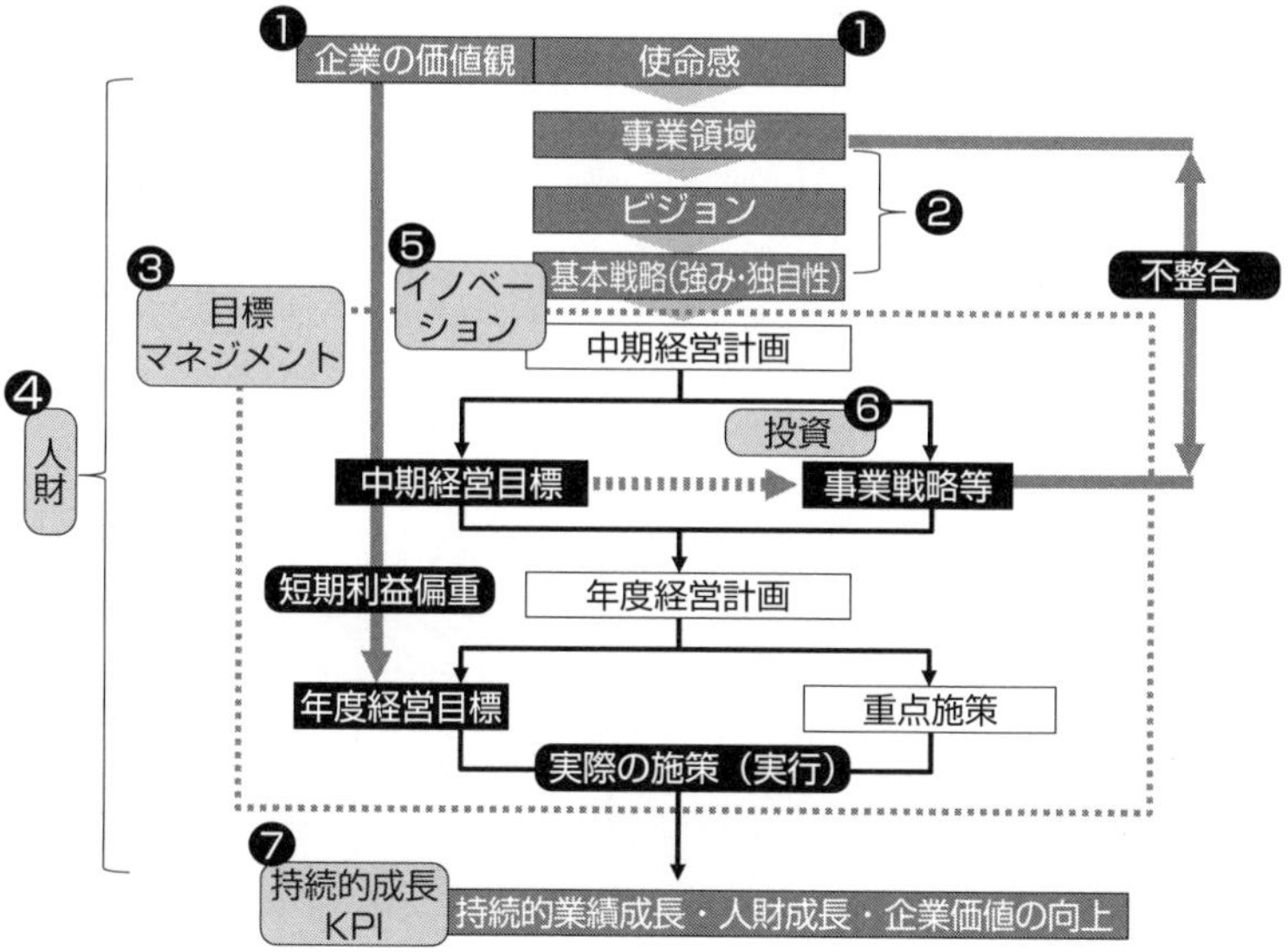

上記図で、番号は、目次の章の番号である。■箇所と↓矢印の箇所は、会計不正が発生するリスクがあるところである。該当箇所である第2章と第3章において、詳細な内容と不正防止のポイントを示したい。

また、▢の章（第3章、第4章、第5章、第6章、第7章）は会計マネジメントが貢献する分野を示している。

7つのテーマとその主な構成要素は以下の通りである。

1. 経営の根幹
   使命感（理念）
   企業の価値観
2. 事業領域
   事業領域の決定基準（使命感、強み）と不正防止
   使命感に基づく未来ビジョン

事業ポートフォリオと経営資源の最適配分

7．持続的成長が目指す姿・イメージ
持続的成長を実現するＫＰＩ

改めて、長期志向の経営とは、長期視点を堅持し、持続的な業績成長を目指す経営である。

長期経営について興味深い調査結果がある。

米国の専門機関（マッキンゼー・グローバル・インスティテュート）の調査報告書「Measuring the Economic Impact of Short-termism（短期主義の経済的影響の測定）」（２０１７年2月8日）によれば、米国に上場している大企業と中堅企業６１５社の２００１年から２０１５年（以下、同期間）までの財務データを対象とした調査の結果、以下の結論が示された。

・長期志向の企業は、短期志向の企業より売上、利益、経済利益（ＥＶＡ）、時価総額のすべての面において上回った。

・売上高、利益、経済利益は、同期間における累積額で上回り、時価総額は、同期間における1社当たり時価総額の増加額で上回っている。

（ちなみに長期志向の企業の割合は、約26％である）

また、こうした差が生まれる理由として、長期志向の企業の方が、機敏で大胆、かつ、投資額や雇用が多くてその配分がうまいことが指摘されている。

日本ではまだこのような調査は行われていないが、一般的に日本の企業は長期経営のイメージがある。しかし長期経営のイメージがありながら、ここ数十年の実際の業績は、国際企業との比較で言え

ば、ROE、売上高利益率ともに日本企業は低水準を続け、持続的低収益と言われている。実際の経営行動は、長期志向よりも、短期志向の色彩が強いのかもしれない。一例として、長期視点による大胆なリスクテイクが不足していること、真に長期視点の研究開発が不足していることにより利益の出るイノベーションが実現していないこと等が指摘されている。

このような状況もふまえ、本書では、長期志向の経営に必要な視点、持続的成長を実現するために必要なテーマについて第1章から順次述べていくことにするが、その前提としてまず、持続的成長についての認識・理解を統一しておきたい。そして、本書のゴールとして提言する「持続的独自成長」の位置づけについて述べておく。

3 持続的成長の類型と持続的独自成長

まずは持続的成長の実現領域について考えてみたい（左図参照）。

短期的な成長を追い短期利益を重視する短期的視点の経営は、将来にわたって持続的に成長することを妨げる。

図の左上の短期成長志向ゾーンは、売上高至上主義・短期利益至上主義であり、また、量（売上）をベースにした前年比増収増益にこだわる経営がなされている。短期的な成長性を高くできても、長続きはしない。つまり、量を目指し対前年比増収増益こだわれば、結果として利益（率）が下がり将

持続的成長の実現領域

太字枠：持続的成長ゾーン

		持続可能性	
		低	高
成長性（規模・スピード）	高	短期成長志向 （短期利益重視）	高成長志向 （M&A 成長）
	低	現状維持志向 （衰退）	自律成長志向 （長期利益重視）

来の成長投資がおろそかになり、持続可能性は低くなる。

　なぜなら、前年よりも増収・増益を必達に掲げれば、ボリューム拡大のため目先の売上獲得（販売競争）に走り、結果として競争激化に巻き込まれ、利益率が低下する。

　そして減益リスクを回避するため、長期的な成長のための先行投資費用を削ることになり、長期的な成長力が低下するのである。

　このような経営は、強みに立脚した骨太の成長路線とは言えない。これらについての詳細は、第3章目標マネジメントで解説する。

　一方、右上の高成長志向ゾーンは、自律成長をふまえながら、M＆Aを積極的に活用して成長する大企業が想定される。

　本書の中心テーマとして取り上げるのは、右下の自律成長志向ゾーンである。

　M＆Aによる高成長志向ゾーンについては、不正防

持続的成長のパターン類型

		持続的成長	
		自律成長	M＆A成長
収益性	高	独自性追求	シナジー追求 適正規模追求
	低	最高水準追求	過度な規模追求 （※不正リスク）

止という観点で取り上げている。

次に、持続的成長のパターン類型である（上図）。

前ページの図で、持続的成長ゾーンとなった太枠の2つのゾーンをさらに、収益性の高低で分類したものである。

左下の最高水準追求ゾーンは、ゼロサム競争となり、低収益となる。つまり、何をもって最高とするかは、目標によって異なるし、すべての競合企業が同じ領域で最高を目指せば、誰も勝てないゼロサム競争と化すゾーンである（ポーター教授）。

左上の独自性追求ゾーン「持続的独自成長」が、強みに立脚した独自性のある価値を顧客に生み出すことにより、持続的成長を果たすことができる領域であり、本書で最終的なゴールとするところである。

ちなみに、基本戦略との関連で言えば、独自性追求ゾーンは、【差別化】と【集中】戦略が有効であり、M&A成長のシナジー追求・適正規模追求ゾーンでは、

【差別化】と【コストリーダーシップ】（規模のメリット）戦略が有効と言える（基本戦略については、第2章事業領域を参照されたい）。

M＆A成長は、適正規模をふまえながらシナジー追求による成長を目指すことが高収益につながる。一方、右下の過度な規模追求は、後述するA社等の事例にみるように、不正を誘発するリスク（※）があることに留意が必要である。

1

第１章

経営の根幹

1 使命感（理念）に基づいた経営の実践と浸透

(1) 経営理念を置き去りにして経営危機に陥った企業事例

使命感（理念）は、経営と事業展開の根幹であり、短期間での成長を優先し企業規模の拡大のために決して置き去りにされることがあってはならないものである。置き去りにされたがゆえに経営危機に陥った事例がある。総合電機メーカーのB社は、「いたずらに規模のみを追わず」という言葉を使用する経営理念がありながら、身の丈に合わない規模の拡大に走り、市場や顧客の本当のニーズに気づくことなく、莫大な設備投資を行った。結果は、市場・顧客のニーズを的確に実現した海外メーカーに競争で負け、経営危機に陥ったのである。そのときの投資の意思決定は生死を分けるような重要な事項であったにもかかわらず、創業の理念に真摯に向き合うことなく、規模や量の成長を優先させてしまったことが失敗の原因の1つと言われている。なお、この点（下線）については、会計不正と海外事業の失敗により経営危機が取りざたされたA社にも同様のことがいえ、第2章事業領域のところで詳しく述べてみたい。

ところで、松下幸之助氏の「成功する企業の条件」は不変の原則といえる。3つの条件は左図の通りであり、改めて、一番目が企業理念（使命感）となっていることを忘れてはならない。また、社風は、理念が浸透するのを支える環境・土壌（組織インフラ）のようなものである。社風が健全である

松下幸之助氏の成功する企業の条件

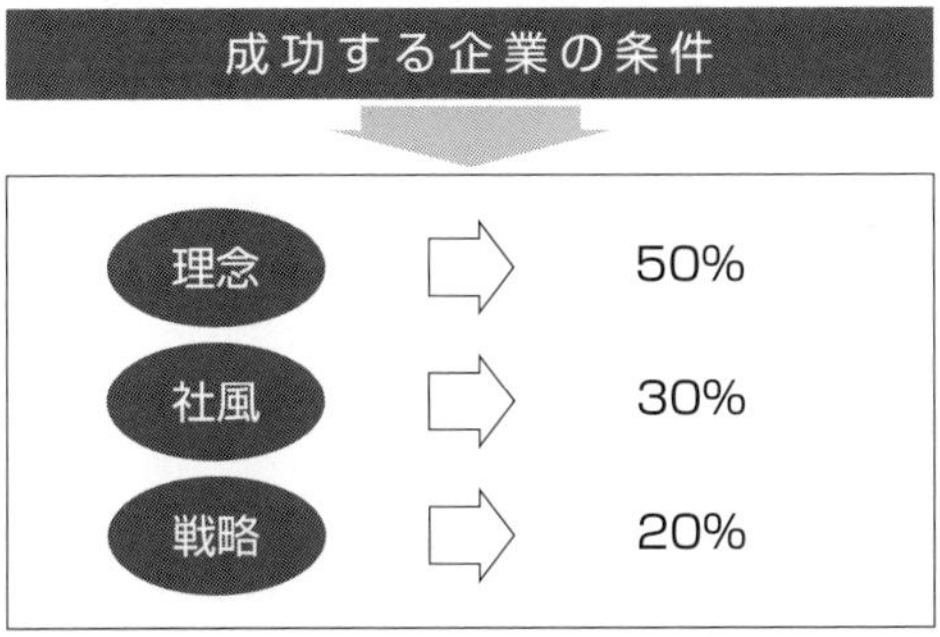

組織は不正の芽を出させず、また、その健全な取組みや独自の価値観が企業イメージとなって外部に伝わっているものが企業文化である。本書では社風と文化の厳密な定義はせず、ほぼ表裏一体のもの（企業の中と外からみえるもの）として考える。しいて言えば、それが生み出すものの違いがあると考える。

良い社風は、人財を生み出し

前向きな文化は、イノベーションを生み出す。

人財とイノベーションについては、それぞれ第４章と第５章で述べる。

(2)　使命感という言葉の意味

なぜ使命感という言葉を本書で使うのかと言えば、一体全体われわれは何のために存在しているのか、それは世のため・人のために役立ちたいからであるという思想をストレートに表現できる言葉であるからだ。使命感はわれわれに強烈な内発的な動機をもたらすものである。

使命感は、経営者が全身全霊をかけて従業員に訴えるものであるがゆえに、従業員がそれを心底理解し、わが身のこととして思うことができるのである。少しでも迷いが生じたら、使命感に立ち返ることが重要である。

「もし後半年しか仕事ができない状況になった場合、一銭のお金をもらわなくてもやらねばならぬ、やりたいと思う気持ち」

そんな気持ちにさせるもの、それが使命感である。

(3) ドラッカーのミッション

フランス語でレゾンデートル（存在理由）とも呼ばれるこの使命感について、ドラッカーは、ミッションという言葉で次のように表現している。

「ミッションとは、経営上の困難を克服するための信念である。全人的な献身と信念がない限り、必要な努力も持続するはずがない。」

1. 全身全霊を傾けられる本気で本音のミッションが必要
2. ミッションがあればリスクは怖くない（変化はチャンスとなる）
3. ミッションがあるから、人がついてくる（組織が動く）

なぜこれほどまでに使命感にこだわるのかといえば、これが経営にとって最重要の根幹であると確信するからである。もし万が一、使命感を少しでもおろそかにするようなことになれば、その時点で、企業は存在理由のない会社になる。

2 企業の価値観を明確にし、持続的成長経営のぶれない軸を造る

(1) 企業の価値観の重要性

使命感と並んで、重要と考えるのが、企業の価値観である。なぜこれが重要かといえば、持続的成長の本質と密接に関わっているためである。売上・利益等の業績や経済的な企業価値（将来にわたるフリーキャッシュフローの現在価値）のみを企業の価値観とするのであれば、社会や地域の役に立つという社会価値（社会における公器性）が軽視されてしまうばかりでなく、価値ある製品を作り上げている人の成長を持続的成長とする思想が外されてしまうなど、本来、企業の個性的で多様性のある価値観の定義を妨げてしまう。企業の価値観を考えることは、何をもって持続的成長と考えるかということでもある。例えば、

・使命感に基づき従業員が成長し幸福感が増大していくのも持続的成長
・ステークホルダーからの信頼度が向上していくのも持続的成長
・イノベーションにより顧客に新しい価値を創造し顧客価値を増大させていくのも持続的成長である。

結局のところ持続的成長を定義することは、企業の価値観とその元にある経営哲学を明らかにすることであり、持続的成長と企業の価値観は表裏一体の関係といえる。

ちなみに、トヨタ自動車の豊田社長は、２０１６年5月の投資家向け説明会において、次のように述べている。

「「もっといいクルマ」に近づいているか、現地現物で考え、判断し、実行することができる「人材」は育っているかを、自分たちの成長の「モノサシ」として、経営の舵取りをしてまいりました。」

経営の神様松下幸之助氏の「企業は社会の公器である」は、企業の普遍的な価値観といえる。また、年輪経営を標榜する塚越寛会長（伊那食品工業）の「企業の真の価値は永続することであり、社員1人ひとりのハピネス（幸）の総和こそ企業価値である」の根底には、社員の幸せを企業の目的とする経営哲学がある。

自社が考える持続的成長をぶれずに実現していくためには、これが自社の価値、アイデンティティだと胸をはれる価値観が必要なのである。

なお、本書においては、M＆Aによらない自律的な成長によって、いかに持続的成長を実現するか考察することにする。これは、M＆Aの必要性や有効性を否定するものではなく、論点をシンプルに考えるためである。

(2) 企業の価値観が不正を防ぐ

さてここで、本書執筆のきっかけの1つとなった私の日経新聞の掲載記事を改めて紹介させていただく（日本経済新聞２０１６年12月14日　私見卓見　掲載内容）。

「経営の神様と称される松下幸之助氏が「企業は社会の公器である」との普遍的な価値観を示してから久しいが、このことを忘れた企業の不正事例がいまだに続いている。

売上・販売台数ありきの燃費不正、当期利益至上主義による会計不正、上場後の業績・株価向上を至上命令と課した会計不正など、不正の形は違えども原因はいずれも量や短期利益を重視する価値観に起因している。

そもそも損益計算書には、株主配当等のための当期利益確保と翌年~将来利益のための先行投資の反映（戦略コストや研究開発費等）という利益水準の二面性がある。この二面性のバランスを会社なりのポリシーを持ちつつ正しく保つのが経営であるが、バランスを崩し、当期利益偏重になると不正の芽が出始める。こうしたバランスを根源的なところで支えるのが企業の価値観ではないだろうか。

炭素繊維事業の開花に半世紀近くを費やした東レの日覚昭広社長は「時価総額や自己資本利益率（ＲＯＥ）は企業価値にとって1割程度の存在。もっと地域社会や環境保全への貢献度合い、従業員の待遇も考慮して企業価値を考えるべきだ」と語る。

ダントツ経営で知られるコマツの坂根正弘相談役は「ステークホルダーの信頼度の総和（ないと困る度合い）を企業価値と定義している」という。このような価値観のもと、両社は持続的成長とイノベーションを実現している。

米国では企業の在り方を再定義した法人制度がある。「ベネフィット・コーポレーション」と呼ばれ、社会に恩恵を与えながら持続的な成長を目指す企業形態である。経済的利益だけではなく、社会や環境問題の解決に貢献することを事業活動の目的として明示し、ステークホルダーにその状況を報告する仕組みだ。例えば、有機野菜で人々を健康にしたい企業は、株主から「無農薬化の研究費を配当に回せ」と迫られても、短期的な利益よりも将来への投資を優先して開発に専念できる。

法制度では米国に先行されたものの、日本には「企業は社会の公器である」との価値観が連綿と継承されている。人口、労働、環境などの各分野で社会的課題が山積するなか、原点に戻り、企業の価値観を定めるべきではないか。使命感（理念）とともに正しい価値観を有することが、およそ不正とは無縁な組織風土をつくりだし、かつ持続的成長に導くはずだ。」

ここで2点補足をしておく。

まず、当期利益至上主義による会計不正についてである。短期視点での高配当を望む株主からのプレッシャーや、市場における通信簿とも考えられている当期利益水準を重視し過ぎると会計不正に手を染めてしまう誘因が働く。当初は短期志向ではなかった企業もいつの間にか短期主義に呑み込まれ、中長期視点での先行投資や研究開発投資がおろそかになり、結果、5年後、10年後になって振り返れば、利益成長が低迷してしまうことになる。後悔先に立たずである。

上記のような誘因で生じる会計不正を防止し、かつ持続的な成長を遂げるためには、当期利益（経済価値）は企業価値の一部であという価値観を明確に持ち、かつ、長期志向の経営が、長期利益を最大化するという信念を持つことが重要である。長期利益の最大化とは、長期間における累積獲得利益が最大化することであり、それはとりもなおさず、経済的企業価値（株主価値）が向上することを意味する。長期利益の最大化については、「第3章目標マネジメント」で詳しく述べる。

次に、ベネフィット・コーポレーションの制度についての補足である。制度の趣旨として次のような解説がなされている。

「ベネフィット・コーポレーションは、長期的なミッションアライメントと価値創造のための強固な基盤を作り出す新しい法的ツールである。これは、資本調達やリーダーシップの変更を通じてミッションを保護し、～中略～、企業がＩＰＯ後のミッションドリブンな人生をリードする準備を整える。」

この中で特に、「ＩＰＯ後のミッションドリブンな人生をリードする」に注目したい。

上記日経新聞記事にも記載したが、上場直後の業績・株価向上を至上命令と課した会計不正をなくす手だての1つとして、このような制度上の仕組みが有効である。上場を目指す企業や上場間もない企業は、ビジネスの将来性・成長性を市場から期待され、自らもそれを目指すと宣言し、それを求心力にして社内を強力に率いようとしている。しかし、それだけで本当に率いていけるのだろうか。ビジネスの成長性・それをアピールする数値目標、これはこれで必要なのかもしれない。最初は社員をモチベートするものかもしれないが、やがて目標必達の呪縛に襲われ、当初抱いていたワクワク感が影をひそめていく。ワクワク感から義務感やヘトヘト感に変わるとき、何が正しいのかという判断がおろそかになり、最悪は不正に手を染めてしまう。

やはり、社員を駆り立てるのは、外部向けに化粧された数値目標ではなく、使命感である。ビジネスの成長性の前に、語るべきは使命感なのである。本来、使命感が、ワクワク感を創りだすものだ。

企業価値明確化の事例：C社　第N次中期経営計画より抜粋

企業価値の向上：当社が考える企業価値

社会価値	経済価値
社会や顧客にとって なくてはならない存在	将来フリーキャッシュフローの現在価値の合計
□ソリューションと新しい価値の提供 □全社員及びその他ステークホルダーと共有化された理念 □開発力とブランド力 □社員一人ひとりの力 □環境負荷の低減と事業以外の部分での社会貢献	□フリーキャッシュフロー＝NOPAT＋減価償却費－投資－運転資本の増加額 □真似されにくいビジネスモデル・競争優位 □マーケティング力 □管理指標と改善アクション（PVA,CCC,ROE,RO-IC）

ちなみに、労働衛生学の理論においては、義務感でつまらなそうに仕事をしている場合に比べて、ワクワク感で面白そうに仕事をしている方が、生産性が約3倍になるそうである。

わが国においても将来的には、ベネフィット・コーポレーションのようにミッション（使命感）と価値観を根幹に据えた日本流のＩＰＯ制度に変革していくことを期待したい。

(3)　価値観の明確化と浸透の方策

ここで、企業の価値観を定めている事例を紹介したい。

育児用品メーカーのＣ社の事例である。同社は、東京証券取引所主催の「企業価値向上表彰」大賞を受賞している。

企業の価値観はそれを明示して終わりではない。使命感（理念）を全従業員に浸透するために、ステートメントや行動規範・行動指針に落とし込むように、企業の価値観についても従業員に浸透することが必要である。使命感と同様に行動規範に反映することも有効であり、さらには企業文化として定着させることも重要である。

例えば、イノベーション志向（顧客に新しい価値を提供することを重視する考え方・価値観）を日々の業務に浸透させるために、毎月1回未来のための種まき（ビジネスのアイデア等）を小集団活動として行う等である。後述する3Mのイノベーションを生み出す原動力になっている15％カルチャー（※）は、まさしく、企業文化であり、それ自体が強みになっている。

※技術者は自分の好きな研究や開発に労働時間の15％を費やすことができる。

ちなみに、この小集団活動は、部門横断で階層や年代に関係なく、各々の階層や年代が入ることが有効であり、組織の活性化につながるものである。

3 持続的成長に導く3つの経営バランス

Ｃ社の例にみるように、企業の価値観として、社会価値と経済価値の双方相まったものを企業価値として定義する場合がある。筆者はこの社会価値と経済価値のバランス感覚と相互の関連性を意識することが重要と考えている。なぜなら、企業は社会の公器であり、社会や地域への貢献が評判につながって人財が集まることになり、また、社会的課題の解決に携わることで経済価値の創出にもつながるからである。

言うまでもなく、上場企業の根本的使命はゴーイングコンサーン（事業継続）である。韓国銀行のレポートによれば、日本企業は世界1位の長寿企業大国である（創業200年以上の企業の数で、日本がダントツ）。長寿企業の特長は、三方良し（売り手よし・買い手よし・世間よし）に代表される社会的使命に基づいた経営がベースにあることと、環境変化への対応として、製品や事業の新陳代謝ができていることがあげられる。特に三方よしでは、買い手である顧客を重視する考え方（先義後利の考え方）が根底にあることがあげられる。またこのような経営を通じて得た利益は、株主への還元だけでなく、従業員の雇用、長期視点での研究開発投資や設備投資の継続（将来のための種まきや先行投資を怠らない）等に向けられている。日本がイノベーティブな国でありながら持続的低収益性とみなされるのは、上記のように、ステークホルダーの利益とその分配のバランスに配慮した日本的経営の代償ともいえる。

実に、日本的経営の強みを損なわず、持続的成長に導く経営バランスをいかにとるかが重要となる。

・「価値観の要素バランス」：株主価値（ＲＯＥ）と社会的価値（ＥＳＧ＊）の価値観の要素バランス

・「マインドバランス」：会社の数字と社員の幸せというマインドのバランス

・「利益バランス」：短期利益（配当原資のため一定の利益確保）と中長期利益（戦略コストや研究開発費等の先行投資の反映）という利益のバランス

＊ＥＳＧ：環境・社会・ガバナンス

価値観バランスと利益バランスについては、上述した通りであり、利益バランスについては、第3

章目標マネジメントで詳しく述べてみたい。

ここでは、マインドバランスについて補足する。企業は当然に利益を上げていかなければならない存在であるが、働き方改革でも取り上げられているように、利益優先の名のもとに社員の幸せが犠牲になってはならない。長時間労働しかり過重労働しかりである。本来、社員の幸福感や満足感が高まれば結果的に生産性向上にも寄与していくはずである。給与や福利厚生費を削って、利益を捻出することはあってはならないし、一定の利益を出すことで、福利厚生の充実等社員満足を高めていくことが大切である。

このように、使命感、企業の価値観、さらに経営バランスの重要性を改めて認識することが、持続的成長と不正防止に導くはずである。

第1章では経営の根幹となるテーマについてお話しした。筋が通った大きな幹となる経営ポリシー（使命感と価値観）を有することは、環境変化に強く、経営の一貫性を保持することができる。

コラム

どんなに高値を提示されても売らない理由が、企業の価値観

最近、買収防衛策を廃止する企業が相次いでいる。自己資本利益率（ROE）等が低い企業が、買収を阻止すると、株主価値を損なう可能性が高いとして、国内投資家も反対に傾いているという。この問題の解決には、コーポレートガバナンス・コードに示されているように中長期的な企業価値を向上するために中長期的なROEの向上させていくプランを中長期計画に織り込み投資家の理解を得ていくことが先決であろう。

本書においては、企業は社会の公器であるとの大前提に立ち、会社は株主を含むステークホルダーみんなのものという認識で話を進めていくことにする。

今、売上100億円（資産総額も同程度）の会社を経営しているとして、もし、同業の企業から、「お宅の会社を1，000億円で買いたい」と言われたらどうするであろうか。

・これまで人生の半分の時間、苦楽をともにしてきた従業員がいる
・いついかなる時も全員で共有し守りぬいてきた使命感や社風がある
・この経営陣と従業員との信頼関係、一体感があればこそ逆境を乗り越え、世のため人のために実現してきた価値がある
・このような会社の強みや価値は、今の会社（社名）、経営陣、従業員であればこそ実現できているものので、売却など考えられない

真摯に会社の価値観に向き合うのであれば、このように考えること不思議ではない。

ここで申し上げたいのは、「本質的に、会社の価値は、お金では測れない」ということである。

１００％誰にも譲れない企業の価値観・アイデンティティが組織全体に行きわたっている証でもある。

逆説的にいうならば、「どんなに高値を提示されても売らない理由が企業の価値観」なのである。

重要な意思決定を含むすべての経営判断は、使命感と価値観に基づいて行われなければならない。

2

第2章

事業領域

第2章では、持続的成長の直接のエンジンとなる事業について述べてみたい。

1 事業領域は、持続的成長を実現する出発点であり、譲れない一線である。

(1) 事業領域の決定基準

事業領域の決定基準は、次の3つと考えられ、いついかなるときもこれが維持されなければならない。

① 事業領域は、使命感に基づくものでなければならない
② 事業領域は、強みが活かせるものでなければならない
③ 事業業域に基づく事業ポートフォリオは、ビジョンや環境変化によって見直し・更新がされなければならない

この3つのどれか1つでも欠けたらNGである。

① まず「事業領域は、使命感に基づくものでなければならない」について

不正会計から巨額損失計上、海外事業から撤退という負の連鎖の根源となった海外企業の買収について、A社の経営判断の是非は今後も普遍的な論点になるといえる。そもそも正しい判断基準はどこに求めたらよいのか。ドラッカーは、「ミッションが事業領域を決める」という。海外

における戦略事業は、「技術革新、豊かな価値を創造」という言葉を使用する経営理念（ミッション）に真摯に向き合っていたであろうか。技術革新と価値創造よりも規模拡大を優先してはいなかったかと考えるとき、同じく経営危機に陥ったB社の経営理念「いたずらに規模のみを追わず」を思い出す。経営理念を置き去りにしたことを教訓に、現在は再建を終え、次のステージに向かっている。繰り返しになるが、経営理念とは、使命感であり、世のため人のため使命を果たしたいと思う事業は何かを顕わにするものである。

家電からスタートしたD社は、「社会生活の改善と向上（より良いくらしを創造）」という経営理念のもと、今ではオフィス、店舗、自動車、さらに街まで、生活者1人ひとりにとってより良いくらしを提供するためのハード・ソフト・サービスまで含めたトータルソリューションを事業領域としている。経営理念を時代や環境の変化に合わせて改めて解釈し、事業領域を再構築して成功した事例だ。ドラッカーによれば「われわれの事業は何か」に加え「われわれの事業は何であるべきか」が重要な問いとなっている。

現在多くの企業が中長期経営計画の中で設定した数値目標を達成するために戦略を策定・実行している。だがそこでの戦略事業は、経営理念が定める事業領域から離れてしまってはいないだろうか。ガバナンスとは、いいかえれば、経営理念を具現化する仕組みであり、ガバナンスが効いているか否かは、まずもって経営理念に基づき事業領域が決められているか、さらに戦略との関連で検証されているかをモニタリングすることである。

第1章でも述べたが、業績プレッシャーを感じて身の丈に合わない数値目標を設定し規模や量を重視してしまう企業の価値観の是非を論ずることが改めて必要である。行き過ぎた規模は時に経営をコントロール可能な範囲から逸脱させる。A社の事例では、海外の戦略事業で巨額の売上目標を設定し、それを達成するための戦略事業が、使命感という心の距離も遠い海外事業（子会社群）であったことから、有効なコントロールが働かず、結果的に莫大な損失を生じさせたといえる。

業績目標が事業領域を決めるのではなく、使命感（理念）が事業領域を決める。

いつの時代にあっても少しでも迷いが生じたら原点に戻ることが肝要である。つまり、使命感（経営理念）に基づき事業領域を定義・検証し、かつ、正しい価値観に基づき持続可能な成長（身の丈に合った成長）と適正な事業規模を追求すべきである。

適正な事業規模を「製品の範囲」と「地理的範囲」の2つの切り口で捉えた場合、特に地理的範囲については慎重な検討が必要である。経営のコントロール可能な範囲であることが重要であり、海外の現地のキーマンや関係者と直接接触し十分な意思疎通が行えることが最低条件である。

A社事例のもう1つの教訓は、持続的成長と不正防止の密接な関係性である。量や規模の追求による海外事業の巨額買収の失敗が、会計不正の要因となったことを考えれば、持続的成長と不正防止は、密接不可分の関係にあり、ある意味表裏一体である。使命感から外れた事業は、目標達成のプレッシャーを受け、規模が重視され、不正のリスクが高まる。行き過ぎた規模拡大や急激な成長を追うことが、不正の誘因を作ってしまうのである。根本的に不正を防止するためには、

使命感（経営理念）が事業領域を決める

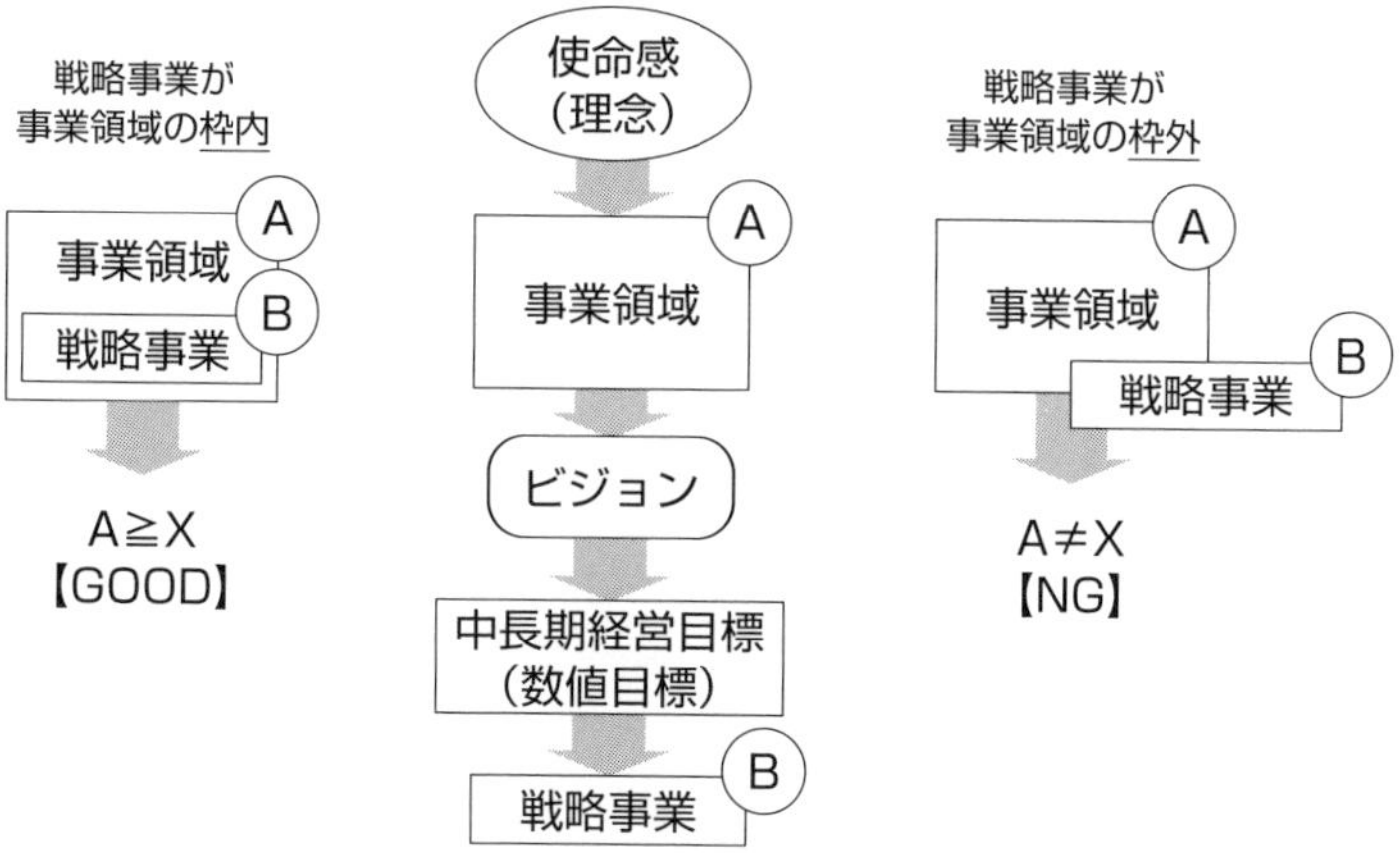

まずもって持続的成長という明確なポリシーを組織に根付かせることが必要である。

②「事業領域は、強みが活かせるものでなければならない」について

増収増益を意識して経営するあまり、他社に遅れをとるまいと隣接する市場で成長している分野に参入する事例がある。そのような市場・分野では成長性が認められている分、競争は激化している。したがって、強みが活かせる得意分野でないかぎり、競争力はなく（差別化された価値の提供ができず、また、コスト競争力がなければ競争できる価格も提示できない）、持続的成長の前に、その事業での成長そのものが期待できない。強みを活かすことは必須の条件である。次項2で詳しく述べたい。

③「事業領域に基づく事業ポートフォリオは、ビジョンや環境変化によって見直し・更新されなければならない」について

前述した通り、使命感が事業領域を作るわけであ

るが、その事業領域とは、顧客（市場と地域）と製品の組み合わせを設定することに他ならない。顧客は強み（他社との差別化）を評価してくれる顧客を選択し、製品は強みを活かせるものでなければならない。

環境変化として、市場や顧客のニーズが変化したり、競合企業が市場が注目するような新製品を開発した等により、該当する自社の製品・事業の強みが相対的に低下することがある。そのような場合は、製品・事業の見直しの検討が必要となる。詳細は、第6章投資の4事業ポートフォリオ分析のポイントの項で述べる。また、ビジョンによる見直しについては、以降の3項で述べることにする。

(2) 持続的成長という観点から捉えた事業領域の基本的構成

ここでは、持続的成長を地に足の着いたものと捉えた場合の事業の基本的構成について考えてみたい。基本的構成としては、次の3つが考えられる。

a　本業（中核事業）
メインの市場・顧客に対して最も強みを発揮できる製品・サービスを提供する中核事業である。

b　関連事業
本業との相乗効果が期待でき、顧客満足を高める製品・サービス等で基本的に本業と同じ顧客を対象とする事業である。

c　新規事業

既存技術等の強みを活用して従来とは異なる新たな用途（新製品）を開発し新たな市場や新たな顧客をターゲットとする事業である。

ここでいう新規事業とは、全く新しい事業（製品）ではなく、既存の技術や製品を活用した新たな用途を開発し、新規の市場（顧客）に打って出ることをいう。この新規事業は、新たな機会（チャンス）を取り逃がさず、強みを着実に次なる成長段階で発展させていくという趣旨であり、長期の視点で成長していくためには、重要な位置づけと思われる。

新規事業への進出の際にポイントとなるのは、次の2点である。

・ニーズが明確な市場・顧客が存在する（顔がイメージできる顧客がいる）

・強みが活かせて、上記ニーズに対応する新たな用途開発ができる

新規事業について上記cのような定義をした理由を述べてみたい。

先ほどの地に足の着いた成長ということにもなるが、成長という言葉が先行すると、何でもかんでも成長という考えのもとに、隣接・周辺市場への参入や多角化といった成長ありきの方策が考えだされてしまうことがある。しかし、これは危険な考えである。ポーター教授も指摘しているように、仮に参入しようとする市場が成長市場であっても、強み（他社と差別化できる独自性）を発揮できない市場には参入すべきではない。新たな製品市場が出現し高い成長性が見込まれるとして、かつての総合電機メーカーがこぞって隣接の成長市場に参入し、結果、失敗して撤退を余儀なくされたという事実が証明している。「新規製品×新規顧客」は、それだけ難しい領域であることを改めて認識することが大事である。

以下にマイケル・ポーター教授の見解を紹介する。

「どんな成長でも成長さえすればいいと考える企業は、結果的に競争優位を弱めてしまう。なぜなら成長のためにやりすぎてしまう企業は、新しい製品ラインや市場セグメント、地域に手をだしたあげく、妥協を生み、独自性を失うからである。」

また、次のようにも指摘する。

「一般に、成長性は高いが独自性を発揮できない分野で熾烈な戦いをするより、独自性をもつ分野のニーズや顧客への浸透度を高めた方が、より速く、ずっと大きな利益をあげながら成長できる。成長機会を探すならまず現在のターゲット顧客の中核に深く食い込むこと、さらに現状に甘んじることなくさらにシェアを伸ばすことである。業界全体をターゲットとする代わりに、自社の戦略が最もよく対応できる（自社の製品・サービスを高く評価してくれる）顧客やニーズの集合を、ターゲット顧客として適切に定義できてこそ、真の市場リーダーになれる。」

もしも大黒柱の本業がこけたらどうするのか、そのためのリスクヘッジとして多角化は有効であるという反論があるかもしれない。しかしだからこそ、環境変化にも左右されない強固な本業の事業基盤を作り上げておくことが必要なのである。

なお、事業の多角化と事業の多様性は似て非なるものである点を補足しておきたい。

イノベーションの代表的企業と言われる３Ｍの事業は多様である（26の事業部と46の技術分野を保有）。それは、３Ｍが企業文化（これが３Ｍの強みである）を重視しているからである。３Ｍの企業文化を顕著に物語る15％カルチャーにより、将来のビジネスに役立つと考える研究テーマであれば、技術者は自分の好きな研究に労働時間の15％を費やすことができる。社員の好きなテーマ、自由・自主性・多様性を重んじる企業文化が、技術や製品、事業の多様性の根幹となっているのである。結果、事業構成としては、大黒柱は不在であるが、多様性を背景に優良事業を多数そろえ、環境変化に大きく左右されない安定した収益基盤を創り上げている。

以上、まとめると事業領域の定義は、その企業の強みとその発揮の仕方（ターゲット顧客の選定と独自性の保持）により、決定される。

2 強みを活かし磨き上げることが持続的成長の王道である

前項で、事業領域は、強みが活かせるものでなければならないと述べた。

本項の最初に、ドラッカーの経営の本質を確認したい。

「『成果』を得るために『強み』を活かすことを考え・実践することが経営の本質である」という。強みとは、将来にわたって成果を獲得できる源泉であり、コアの技術や有形・無形の資産のほか、価値基準・企業文化（３Ｍの事例で紹介した組織文化等）も歴とした強みである。さらに、それを実現する人の意識の高さや能力、また仕事のやり方や仕組み、システム等様々な項目も強みの構成要素になり得る。また、強みを活かすことは強みに集中することでもあり、余計なものを「すてる」

ことでもある。

なぜ、強みを活かすことが経営の本質であるか、使命との関わりで考えてみたい。故船井幸雄氏の名言、「人はみな自分の使命を果たすために、必ず何かの長所を持ってこの世に生まれてきます。長所を生かして生きていくのが、自分の使命を果たすための正しい生き方です。」は今でも語り継がれている。シンプルにいえば人の集合体である企業も、強み（得意分野・長所）を活かすことは法人である企業が持って生まれた使命であり、強みを活かして事業運営していくことが本来の経営の姿であるといえる。

強みを活かし世のため人のためになることこそが、使命を果たすことになり、それが持続的成長の核になる。

筆者の経験則から、持続的な成長を果たしている企業の共通項は、強みを徹底的に磨きあげ本業を強化していることである。安易な増収増益策として隣接・周辺の成長市場に目がくらみ、貴重な経営資源を振り向けることは結果として持続的成長につながらない。あくまでも「強みを活かす」ことを持続的成長のメインポリシーとして維持することが重要である。

また、強みは活用してこそさらなる価値が生まれる。前項の(2)でも述べたように、新たな用途開発等、強みの活用領域（機会）を伸ばしていくことが大事であり、それが新規市場・新規顧客の創造につながる。そうしていくことで強みはやがて、ブランドとなり、差別化を最も強固なものにしていく。建設機械メーカーE社の〝ダントツ〟ブランドのように、強みはブランドを生むのである。

なお、強みの重要性を認識しながらも、強みがそがれてしまうような管理をするケースがあるので、留意点を述べておきたい。

新製品の開発を促進するために部門横断組織をつくるケースがあるが、親会社の経営陣が、部門の独立採算を重視し、成果が数値化しにくい組織を好まないと、横断組織が解散され該当部門の傘下になる。この場合、多様な視点を取り入れ横断的に仕事を進める強みがそがれてしまう。結果として、斬新な新製品の開発ができなくなり、長期視点での真に競争力のある開発活動にブレーキがかかる。そもそも独立採算や成果の数値化は確立した既存事業に適用されるべきであり、短期志向に陥るリスクを抱えていることに留意が必要である。

長期視点で強みを磨き上げイノベーションの実現を目指す長期志向の経営を行うためには、長期志向の組織や業績評価の仕組みを明確に定めることが重要である。

3 ビジョンからの逆算経営による事業の再構築

1で事業ポートフォリオは、ビジョンの実現や環境変化への対応により見直し・更新されなければならないことを述べた。ここでは、ビジョンの実現との関わりで事業の創造について述べてみたい。

(1) 半世紀も前から将来構想を練っていた企業事例

繊維事業会社であるF社は、半世紀も前から炭素繊維の潜在能力を見つけ航空機での用途をゴールに見据え、その間、粘り強い基礎研究を続け、今や高収益率を誇る炭素繊維事業を創りあげた。半世紀近く粘り強く続けてきたのは、蒔いた種が花開くまで育て続けるというDNAの存在が大きいと思われる。また、資金的には基幹事業の安定収益財源が巨額の研究開発費を支えたのは想像に難くないが、自力財源を作り出すことも怠らずに努力してきたことが社内の理解・協力体制を得てきたものと思われる。自力財源としては、炭素繊維の技術（強み）を活用し途中で釣り竿やゴルフクラブといった異なる用途開発をして収益（キャッシュフロー）を稼いだことが伝えられている（『リーディング・カンパニーシリーズ　改訂版』出版文化社）。

また、そもそも炭素繊維事業を創造した根底にあるのは、「繊維という基幹事業から枝を伸ばして新事業を創る」という明快な事業の展開方針である。枝を伸ばして新事業を創るという事業ポートフォリオの構築プロセスは、正に持続的成長の精神そのものであるといえる。

一方、対照的なのは、米のGMの事例である。世界最先端の技術を詰め込んだ電気自動車「EV1」の開発を継続せず、目先の売上・利益が上がる採算のよい大型車の販売を選択したのであるが、マーケットのニーズ・時代の流れは、燃費のいい小型車のエコカーであったため、結果的に販売不振となり、経営破綻に追い込まれたのである。もっともGMの場合は、巨額の年金制度など事業以外のところで大きな難問を抱えていたため、簡単に語ることはできないが、もしもF社のように超長期視点を持ち、今や世界の潮流となっている電気自動車の開発・生産を諦めずに続けていたら、どうなっていたであろうか。結果論ではあるが、急がば回れで、長期的な視点を堅持して製品開発を成就させることが唯一無二の持続的成長に導くものと思われる。

(2) 未来を予想した上での未来ビジョンを構築し、ビジョンから逆算で事業を再構築した事例（デュポン）

３００年企業を目指すデュポンは、徹底した未来志向の経営を実践している。「１００年委員会」と呼ばれる会議体で、50年、１００年後の未来を予想して未来ビジョンを創り上げ、その未来に役に立つためには今何をなすべきかという視点で事業投資・事業の再編（売却）を実施している。未来にとって不要であれば、儲かっている中核事業さえも手放してしまう経営は、未来ビジョンからの逆算経営の最たる事例といえよう。以下に、デュポンのビジョン逆算経営を図で示す（次ページ）。

デュポンの事例から言えることとして2点をとりあげたい。

1点目は、持続的成長をいかに実現するかの明確なポリシーをもっているということである。つまり、「未来に不要なものは儲かっていても捨てる」という経営判断・意思決定基準はその最たるものである。

2点目は、ビジョンの捉え方である。未来の時点でどのように世の中の役に立っていたいか、そのありたい姿をビジョンとしている。これは、使命感を根幹にもった上で、その使命感の延長線上にあ

長期視点を貫くデュポンのビジョン逆算経営

50年後100年後も世のため・人のためになっていたい

↓

50年後100年後の地球や社会の未来（危機・課題）を予想し、
そこで必要とされる会社の将来像を描く

↓

描いた将来像から逆算して今必要な事業（経営戦略）を決める
（足元の利益率やシェア争いを重視する経営とは一線画す）

↓

未来（将来像）に不要なら、中核事業でも手放す

出典：星野雄滋「戦略バランスとレバレッジ会計マネジメント」

る未来のありたい姿を具体的にイメージしたものがビジョンであるという考え方に基づくものである。もちろん、シンプルに将来の夢といってワクワク感をイメージし、社員の意欲を高める存在として捉えることも多い。ただ大事なことは、使命感をともなったワクワク感であることである。特に、ビジョンの中に数値目標を含める場合は、それ自体が1人歩きする場合があるので留意が必要である。この点は、第3章目標マネジメントで述べる。

4 基本戦略の重要性

事業領域を明確にし、ビジョンを掲げたあとは、ビジョンを実現するための基本戦略が重要となる。本書は、戦略論を語るものではないので、ここでは、持続的成長という視点で、基本戦略の要旨を述べてみたい。

マイケル・ポーター教授は、戦略の本質を「何をやら

永続企業デュポンの300年企業に向けた軌跡

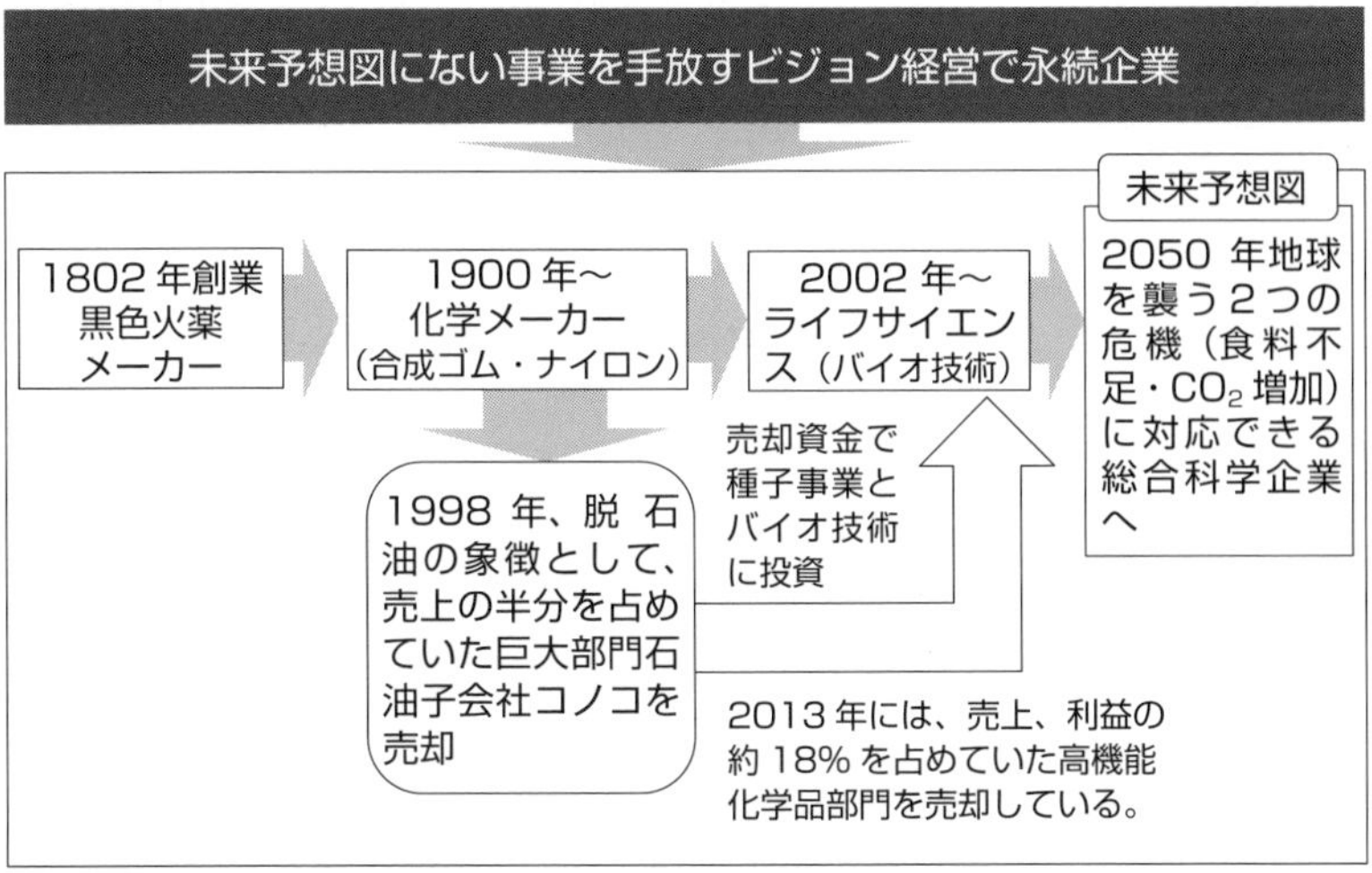

（前掲星野）

（注）・巨大部門石油子会社コノコを売却した理由：
　バイオ技術を活用した総合科学企業に転換するために脱石油を図った。
・高機能化学部門を売却した理由：
　バイオを基盤にして成長する事業戦略（農業や植物由来の素材開発等）との関連が薄いため売却した。

ないかを決めることだ」とし、競争優位を持続できるポイントはトレードオフ（完全なる二者択一）であるという。そして、経営者が以下のように考える傾向を指摘している。

「製品やサービスを増やせば利益もついてくるはずであり、トレードオフは儲ける機会をみすみす見逃すことになる」

しかし、トレードオフの意義と成果は、アップルに復帰したジョブズのポリシーに基づく行動が証明している。

ポーター教授は「ポジショニング」の観点から３つの基本戦略を定義している。第１はコスト面で最優位に立つ戦略【コスト・リーダーシップ】、第２は、自社の製品や

スティーブ・ジョブズのポリシー

得たいなら、捨てることだ

不振のアップルに復帰したジョブズが、最初に実行したことは、乱立していた膨大な製品数を大幅削減したことである。
この大削減により、革新的な新製品を開発したことは周知の事実である。

最も重要な決定とは、何をするかではなく、
何をしないかを決めることだ

サービスを差別化する【差別化】、第3は、特定の買い手、特定の製品、特定の地域・市場に対して、企業の資源（強み）を集中する戦略【集中】である。

中堅企業において有効な【集中】について少し補足したい。集中を果たした企業は、その業界の平均を上回る収益を実現できると考えられる。なぜなら、集中がうまくいくとその絞られた戦略ターゲットについて、低コストの地位が得られるか、差別化に成功するか、両者同時に達成できるからである。市場全体を攻略する場合、低コストと差別化を両方同時に実現することは難しいが、狭く絞られた市場なら、両者をともに達成することは十分可能である。

集中がうまくいくとは、自らが選んだ顧客のために、独自性のある価値を生み出すことにより、競争優位を実現していることである。

独自性を目指して卓越した価値を生み出している状態が競争優位（競合他社と比較し相対的に高い価格を要求できるか、事業を相対的に低い価格で運営できるか、その両方である）であり、競争優位にある企業は業界平均を上回る収益率を持続

している（独自性を目指した競争優位は、【集中】だけでなく、【コスト・リーダーシップ】や【差別化】の戦略によっても実現できるものである）。

この集中戦略の最たる成功事例と考えられるG社は、ＳＵＶを中心とした車種を北米市場に集中した結果、自動車業界では最高水準の営業利益率（２０１７／３期で12・４％）を上げている。業績の推移を簡単に紹介すると以下のようになる。２０１２年４月に軽自動車の生産から撤退し、以降は北米市場へ注力した結果、２０１７／３期は、２０１２／３期と比べ、売上高は２・２倍、営業利益は９・３倍、営業利益率は４・３倍となっている。

この３つの基本戦略のうちいずれかを採用することしか、持続的に高いリターンを得る方法（持続的高収益型成長）はないというのが、ポーター教授の基本戦略の特徴である。一方で、企業の内面的な強みをどう活用するかも戦略であると考えられている。ドラッカーは「経営の本質は、成果を得るために、どんな強みを活用して何をしなければならないかを考え実践することである」という。つまり、基本戦略とは「選択した顧客に対して、自社の強みを最大限活かして独自性のある価値（他社と差別化できる価値）を提供することである」と言うことができる。

5 独自性の追求

(1) 独自性と強みの関係

強みは、持続的成長のベースになるものであり、強みを活かして、伸ばす・成長させることが重要である。強みが維持できているか、成長しているかについて、強みの定期的な点検・評価が必要である。

このような認識を前提にし、独自性の追求について考えてみたい。独自性を追求してくためには次の点が重要である。

① 独自性は、強みに立脚したものでなければならない。

当然であるが、強みに基づかない独自性は、砂上の楼閣である。

② 多様性を尊重する文化が重要である。

3Mは15%カルチャーにより、独自の文化を築いている。改めて、多様性とは、「差」ではなく「ちがい」を尊重する文化であり、多様性の融合により、イノベーションが生まれ、独自性を築くことができる。

③ 組織がやりたいことで、かつ他社と異なる特色や成果が独自性となる。

およそ、やりたいことは、他社もやっていることが多い。他社と異なるユニークさを実現する

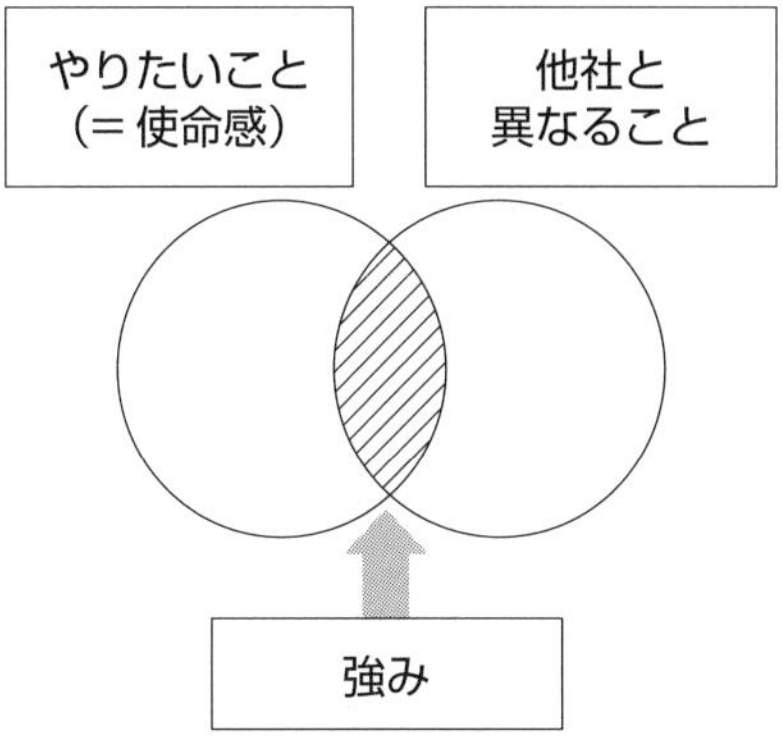

※強みの注入によって、２つの円の交わったところが独自性となる。
＊他社と異なること：他社がやっていないこと・異なるやり方等

ためには、強みを伸ばして集中するしかない。そのためには、強みを継続的に磨きあげる活動が重要である。

そもそも、やりたいことが、他社もやっていることが多いのは、

「やりたいこと」＝「儲かること」

という発想があるからである。

これを、「やりたいこと」≠「儲かること」と認識し直し

「やりたいこと」＝「使命感」

と再定義することが必要だ。

そして、ここに、「強み」を注入することにより、独自性を築き上げることができる。

図で示すと上図のようになる。

使命感に基づくやりたいことは強烈な内発的動機となり、そこに強みを集中することにより、他社がやらない・他社が手を出せないユニークさを成し遂げることができる。

⑵ 独自性の内容と業績との関係

独自性は、例えば、次のようなものが独自性と考えられる。

・人財育成・組織マネジメントの独自性

例えば、多様性を尊重して受け入れ、強みとして生かすマネジメントのやり方（第4章人財参照）

・製品・サービスを生み出す「活動」（バリューチェーン）の独自性

例えば、全国の生産・物流網を活用した迅速な生産・物流活動

・製品開発のプロセスの独自性

例えば、地域密着度を活用した顧客参加型の製品開発

・マネジメントプロセスの独自性

例えば、ビジョン逆算経営、期間損益経営でなく中期通算損益経営の導入（第3章目標マネジメント参照）

強みに基づいた独自性が認められるところは、基本的に以下のような業績の成長をもたらしている。

・価値を反映した価格による粗利益（業界平均を上回る粗利益率）の向上
・新規顧客の増加（顧客の創造）による売上の増加
・バリューチェーンの改革による更なる在庫回転率の上昇や顧客満足度の向上

（なお、対象事業や製品の売上・利益が思うように伸びないのであれば、強みと独自性を再評価することが必要となる。）

このように、独自性を築いているところは、それを維持しさらに強化することが重要である。例えば、顧客に製品・サービスを届ける物流活動をさらに強化するため、戦略的な投資を行い、物流システムの再構築・バージョンアップをすること等である。

強みを磨き上げ、伸ばすための投資（戦略投資）は惜しまずに行い、独自性を強化・追求し続けることで、持続的成長を強力に推進していくことができるのである。

3

第3章
目標マネジメント

本章では、ビジョンを達成するための目標マネジメントを中心に、合わせて、持続的成長と不正防止に関わるテーマを考察することとする。

1 ビジョンを実現する長期経営目標の留意点

目標マネジメントの出発点として、まず、ビジョンと長期経営目標の関係・留意点について述べてみたい。

ビジョンとしてありたい姿を数値的に表す場合があり、「○○○で世界No.1になる」というような事例がある一方で、長期ビジョンの中に数値目標（売上・利益等の財務目標）が前面に出るケースもある。これは企業の考え方なのでもちろん良い悪いを論ずることはできないが、留意点を述べてみたい。ひとたびビジョンに数値目標が入り込むとそれを達成するための中長期経営目標が中長期計画の中で明示され、最終的には短期経営計画（年度予算）へと落とし込まれていく。数値目標が明示されれば、それを達成するための事業戦略が策定されていくので、前章で述べたように、使命感に基づく事業領域、ビジョンを実現するための戦略事業が事業領域の枠の中であるという根幹部分がしっかり守られるようにモニタリングすることが大事である。特に目標達成のための戦略事業は量的な拡大志向のもとに、使命感に基づかない事業領域や強みを活かしきれない製品領域、さらに経営のコントロールが十分に働かない地理的領域に進んでしまうリスクがある。最終的には成長戦略の失敗（業績の著しい悪化）となり、それを隠そうとして会計不正を誘発する恐れがあることを十分留意することが必要である。

数値目標（経営指標）はその位置づけと時間軸、社内へ伝え方が重要である。ワクワク感が義務感にすり替わってしまうようなことや、目標達成のプレッシャーを与えてしまうことは避けるべきである。位置づけや時間軸については、改めて5項で述べてみたい。

2 前年比増収増益経営のリスク

(1) 量を追う前年比増収増益経営は、持続的成長につながらない

株式市場の期待やプレッシャーを受ける中、質をともなった右肩上がりの成長（増収増益）を続けることができれば、それに越したことはないであろう。しかし、序章でも紹介した通り、現実としては、何十年という長期間にわたって成長しつづけることはできていないのである。量を追う前年比増収増益ではなく、長期的な成長基盤を確かなものにしようとする企業は、ある期間、減益になっても（あえてそれを選択する場合もある）、将来のための投資は削らない固い意思を守り抜いている。このような状況において、企業は、基本的に右肩上がりの成長を目指していくわけだが、問題は右肩上がりの解釈である。持続的成長の実現イメージ（第7章）とも関係しているが、いっときの踊り場（減益）

を許容しない前年比増収増益経営が、結果的には持続的成長につながらない要因を改めて考えてみたい。

(2) 前年比増収増益経営が抱える3つのリスク（持続的成長を阻害する要因）

中期経営目標を達成するための年度経営目標は、その性格上、基本的に、対前年比増収増益計画となる傾向がある。この増収増益だが、固定費削減や構造改革効果に頼る増益ではなく、増収による増益方針が本来の望ましい姿であることはもちろんである。しかし、増収増益の実現の仕方によっては、売上は増えても営業利益率（粗利益率）は低下するリスクがある。既存の延長線上で売上を追い、ゼロベースでの発想・新たな価値の創造という発想がしにくいためだ。

例えば、多品種の商品を取り扱う卸売業態においては、既存商品ベースでの売上高維持・拡大路線を貫くと営業利益が減少する（単価を下げ粗利益は減少、既存商品の在庫も増大して廃棄ロスの発生）。つまり、既存ベースでの売上維持・拡大のような安易な手法をとると、商品の種類増加、価格（値下げ）、数量での対応がベースになるので売上は維持・増やせても粗利が上がらない。それよりも商品価値（付加価値）を重視し魅力的な商品開発を継続していくビジネスに転換することが大事である。その方が価値があがるので価格に反映され粗利益は向上する。つまり、既存ベースでの売上の最大化ではなく、新規を活発化して売上新規度（※）を高め利益の最大化を図ることが重要である。

※全体の売上に占める新商品売上等の比率

事である。

経営者・役員は、各事業部が現状の延長線上で過度に短期志向に陥らないように留意することが大事である。

以下に3つのリスク（留意点）を説明する。

1つ目：期間損益追求が招くリスク

そもそも、短期業績（期間損益計算）という期限を区切られた世界で結果を出すには、早期に売上（量）が稼げる方法など、結果が読める世界で勝負をすることになりがちである。質・価値（価格）を上げ利益を上げていくよりも、量を増やし売上を上げていく方が短期間に結果が出るためだ。既存の領域で数字の積み上げに走ると必然的に量を追うようになり、量を追えば競争により価格が下がるのは経済原理である。不確実な領域に打ってでることをためらい、リスクテイク（※）がしづらくなる。結果、イノベーションや持続的成長など期待できるものではない。

※リスクテイクについては、第6章参照

また、短期間に量を追いかけることは社内の疲弊感を生じさせ、ビジョンによるわくわく感がそがれていく。これは目に見えないところでモチベーションと生産性を低下させ、その意味でも長期目標の進捗にマイナスの影響を与える。こうなると悪循環となるので、ビジョンの進捗は現在こうである、時間はかかるがゴールを目指してがんばろうというリーダーの発信が極めて重要となる。

一方、質や価値の向上は、短期というよりも中長期視点で持続的に取り組むものである。

強みを活かしイノベーションを実現するため、研究開発活動を地道に継続し、新規分野を切り開くことが大事である。例えば、画期的な新製品開発のためには、長期視点で研究開発を継続し続けること、また、短期・中期的には、バリューエンジニアリングの発想で顧客に新たな価値を提供すること等である。

2つ目：隣接・周辺市場に参入することによる売上拡大路線の罠

量を追う対前年比経営が引き起こすのは、本業と関連のある手が届きそうな分野・一見参入しやすいような分野（マーケットがあり成長が期待できそうな分野）に進出して売上をかさ上げし、利益率のさらなる低下を招くことである。つまり、「成長しそうな市場だから参入する」「他社もやるから自社も参入する」などと考え隣接・周辺の事業分野に参入しても、他社も容易に参入できるような市場はすぐに価格競争に陥るので、利益（増益幅）は小さくなる。そのような状況で目標の増益にもっていこうとすると、将来のための先行投資が削られ、結果、将来の売上・利益が減少してしまう。これでは本末転倒である。それよりも、本業のビジネスに集中・強化すれば、得意分野ゆえに利益を増加させることができ、将来のために再投資も増やすことができる。本来は、強みを磨き上げ本業の市場で新たな顧客を獲得し、また、既存顧客からの支持の拡大（取引頻度・金額の向上）に努めるのが王道であり、その方が長期的には増益額も利益率も高まるはずである。つまり、隣接・周辺市場への参入は売上が早期に期待できるかもしれないが、利益率の低下や大きなリスクを招く恐れがある。過大きなリスクとは、低下する利益の目標を達成しようと、不正に手を染めることである。

去の不正事例をみると、本業でない分野、通常行われない商取引で不正が発生しているので、この点については十分留意し、ガバナンスをしっかり機能させなければならない。

3つ目：差異分析の留意点（未来志向による分析・対策の重要性）

前期実績との差異分析をきめ細かく行うことは必要ではあるが、果たしてどれだけ効果のあることであろうか。環境が変化している状況下での過去との比較である。環境変化をふまえ来期こそは増収増益になるように重点施策を打つべきであるが、前期との比較分析に基づく対策は現状の延長線上にとどまるリスクもある。

また、投資家向けの決算説明会の場で、対前期営業利益の差異分析として、売上は増加したが、海外市場の競争激化による販売促進費の増加、研究開発費の増加・設備投資の増加等による営業費用が増加し、営業利益が減少したとする分析事例がある。対前期比較分析は来期以降への課題を明確にする上で必要であるが、より重要なのは将来に向けた分析、効果予測である。つまり、研究開発費の増加により競争を回避できる（販売促進費も不要にする）独自性のある製品を開発し、将来の収益がこのくらい上がる見込みであるという未来志向の分析の方が重要である。ビジョンの実現に向けて、今期は何が達成できたか、どれだけビジョンに近づいたか、来期はこの重点施策に加えてこれも実施していこうというような未来につながる分析とアクションの方が重要なのである。なぜなら、ビジョンを忘れずに意識させ、将来への期待を込めているという点で、従業員のモチベーションを向上させるからである。

以上が期間損益経営と量を追う前年比増収増益経営のリスクと留意点である。

ここからは、そもそも論であるが数値目標の性質について述べてみたい。

個別受注ビジネスでなく標準品販売ビジネスを想定した場合、経済学の競争市場の理論では、基本的には、企業が価格を決めればどれだけの数量が売れるかは市場に委ねられ、逆に企業が供給数量を決めればどのくらいの価格で売れるか、これも市場に委ねられる（需要と供給が一致する価格）。価格と数量を同時に決めることができない以上、両社の掛け算で決まる売上は本質的には不確定な数字と考えなければならない。

このような中、企業は、目標の精度を高めるために実績について統計的な分析を行い、また少しでも不確定要素をなくすために、顧客のニーズを深く分析し、顧客の生の声を数多く把握する努力を行っている。そもそも、売上目標が企業主導で意味を持つのは、顧客に圧倒的な価値をもたらす革新的な新製品の売上（Apple社のような）か、その市場で圧倒的なシェアを持つ場合であろう（※）。もしそれ以外の場合で、実力以上の高い売上・利益目標を達成していることがあれば、戦略と実行努力の賜物であるか、さもなければ意図的な操作（不正の可能性）の可能性を検討することも必要になるかもしれない。また、新製品の売上比率を重要な業績指標として設定することは、イノベーションを推進する観点だけでなく、読める目標に近づけるという点で意味があるといえる。

なお、ＡＩが発達すると経験値と予測精度の向上により売上目標の不確実性が緩和される効果はあるだろう。

※上記の場合以外に数値目標として意味を持つのは、自社の努力でコントロールできる原価の削減である。分母には不確定な売上を持つものの、原価率で比較をすれば条件は同じなので、原価率の削減目標には意味がある。大手医療・光学

メーカーH社は数値目標の中で唯一開示しているのは、売上原価率である。

3 ▼持続的成長に導く中期経営目標の設定方法

前項をふまえ、持続的成長を実現するために、中期経営目標の設定、達成マネジメントのポイントについて述べてみたい。

(1) 中期計画最終年度目標から中期計画累計目標への転換

企業が策定した中期経営計画の６割は未達に終わるという調査結果もあるようだが、中期計画最終年度の目標達成については、根本的な難しさがある点を述べてみたい。

経営とは会計的視点で捉えれば、長期視点を堅持しつつ環境変化に対応しながら（あるいは先手を打ちながら）、実践する投資とリターンの繰り返し活動である。ある戦略投資や重点施策を実行した結果、それが収益に関するものであれば、売上（リターン）の発現時期は、最終的には、市場・顧客が決めることである。ターゲットとした期の損益に間に合わず、翌期の実現ということも市場経済の流れである。これが市場経済における（先行）投資とリターンの結果である。また、環境変化によって損益の変動が生じるため、変化が急激で大きいほど、売上の変動は予測困難であり、想定外のコストも生じる可能性がある。

このような状況において、中期計画最終年度の目標達成にピタリと照準を絞り、実際に目標を達成することは、困難な側面があると言わざるを得ない。

また、前年比増収増益を実現するため当期の利益目標の達成を至上命題と課した場合は、市場原理を踏み外し恣意的に当期の利益に計上しようとして不正が起きる。本来、増収増益の目的は、中期経営目標の達成であり、ひいてはその先にあるビジョン実現のためである。よって、持続的成長にとって重要なことは、ビジョンを実現するために中期経営計画における戦略や施策を確実に実践してことであり、計画期間中の毎年の増収増益が絶対ではないわけである。

投資とリターンの繰り返し活動であるという観点からは、むしろ経営計画期間通算（累計）の売上・利益や、キャッシュフローを目標とすべきであり、このことが中長期的な企業価値の向上につながり（※）、最終的には株主価値の向上にもつながるのである。

※ここでの企業価値は経済的な企業価値であり、財務的に捉えた場合は、将来にわたるフリーキャッシュフローの現在価値になるため

一定の株主配当確保のための当期利益水準は必要であるが、「対前年比成長」にあまりにも固執して一喜一憂する必要はなく、会社が考える持続的成長路線を堂々と進めばよいのである。

(2) 中期計画期間の累計目標は、中長期的な企業価値の向上につながる

量を追う前年比増収増益経営の弊害がある中で、どうやって「持続的な」成長を実現するのかが本書の問題意識であった。その答えの1つが前述したように、一期間の損益でなく、中期経営計画期間

中期経営目標が達成困難な理由

中期経営目標が達成困難な理由

↓ なぜ達成困難か

そもそも長期的視点・仮説に基づく戦略投資であるため、その効果の発現時期や金額は市場に左右され、正確には予測しづらい

環境変化によって損益の変動が生じるため。変化が急激で大きいほど、売上の変動は予測困難であり、想定外のコストも生じる可能性がある

↓ ゆえに

特定年度の数値目標（最終年度目標）を達成することは難しい

↓ どうすればよいか

中期経営計画期間累計の売上・営業利益の目標設定
⇒中長期的な企業価値の向上

通算（累計）での目標マネジメントである。

中長期のスパン、例えば3年間でこの位投資をして、こういう分野の研究開発をして、こういう新製品を開発して、このくらいの売上・営業利益と、キャッシュフロー（CF）を獲得するという経営である。そして、このCFが中長期的な企業価値の向上につながるのである。当期（短期）利益の増加は短期的には株主満足になるが、長いスパンで見ると中長期にわたる通算の利益が向上する方が、長期的には株主に利益となるはずだ。

特に、中長期視点に理解を示してくれる株主に対しては、中長期の配当方針を示し、例えば、中期通算でこれくらいフリーキャッシュフロー（FCF）が獲得できたから、計画の最終年度にはボーナス的な配当という形で株主還元することも一案である（もちろん、会社法上の配当可能利益の範囲内かのチェックは必要である）。

近年、上場企業の3社に1社の割合で、役員報酬

に株式報酬を導入する企業が増えてきたとの報道がなされている。会社の持続的な成長と中長期的な企業価値の向上を実現するという観点から、中長期視点の報酬のウェイトを高めるケースが出てきた。具体的には、中期経営計画期間終了時における目標達成度をその時点での株式報酬の算定に反映するケースである。この場合における目標達成度についても、中長期的な企業価値と関連性がある中期経営計画期間累計の営業利益目標やＦＣＦ目標をどのくらい達成できたかという視点を入れて、判断することが重要である。

(3) 期間損益経営から中期通算損益経営へ

仮に、今、短期利益は横に置いて、中長期視点での経営、つまり将来ビジョン（10年後の理想像）の実現のために、３年間のタームでその通算利益の目標を達成する経営を求められたらどう行動するであろうか。

〈現状〉１期の期間損益経営＋２期の期間損益経営＋３期の期間損益経営
～７期の期間損益経営＋８期の期間損益経営＋９期の期間損益経営
（毎期、１期間損益の積み上げ経営）

⇐

〈今後〉３期間でその３期間通算の売上・利益目標達成のための経営×３回転
（たとえて言えば、長期視点の急がば回れ経営）

なお、〈現状〉においても、中期経営計画を達成するための年度計画であるため、中長期の観点からの施策は反映されていると思われる。しかし、現実の世界に入れば、当期利益確保あるいは前年比増収増益という観点から、短期の収益につながる短期的施策が優先される傾向があるので、あえて、上記のような対比を行っている。

もとに戻り、目先の売上、利益の獲得を気にする必要がないため、最初の3年間については、

・自社の製品・サービス等の強みを極めるため徹底的に磨き上げ、誰にも負けない独自の価値の創出に没頭し全社を挙げて取り組むのではないだろうか。

・営業は、未だ満たされていない顧客の欲求をとことん吸い上げるであろう。

・生産は、抜本的なコストダウンに思い切り取り組むであろう。

・開発は、将来に向けて限りない可能性をもった技術やサービスの開発に取り組むであろう。

これは、業種によって温度差はあるかもしれないが、常に環境変化対応業と言われる小売業であるとしても、同様の取り組みの可能性が考えられる。

このような中長期視点での本質的な経営行動を、一事業年度の中でどのくらい実行できるか、また実行すべきかを決定するのが役員（取締役会）の重要な役割である。

中期経営計画を達成するための年度計画とはいえ、前年比増収増益というプレッシャーの影響を受ける中での実際の重点施策が、上記の中長期視点・将来視点でのあるべき経営行動とどのくらい整合しているか、どのくらいかい離しているか検証してみることは意味があると思われる。年度目標達成の責任を負っている事業部門は、ともすれば中期の成果に結びつく施策よりも、短期の成果に結びつ

く施策を優先させるきらいがある。上記の整合している施策は、すでに短期に組み込まれている中長期視点の施策であり、最重要の重点施策といえる。

また、最重要の施策でないまでも将来の利益を創出することが期待できる施策については、仮に環境が変化し先行きが少し不透明になったとしても戦略コストとしてリスクテイクし、当期の施策に織り込み実行するかを経営会議で決定すべきである。

なお、3年間の損益通算経営のもとにおける戦略や施策の決定・実行の際は、現実の法定決算や資金面をクリアするために、以下の制約条件を守る必要がある。

i　株主配当のための一定の利益の確保

ii　人件費等の基幹となる固定費の削減はしない

iii　トータル的にキャッシュフローが回ること

以上が短期にも配慮しながら、長期的視点を優先して経営を行う方法である（現状は、逆で、長期にも配慮しながらも、短期視点・当期利益確保を重視した経営ではないだろうか）。

中長期を見通し現実の世界に落とし込む中期通算経営のメリットは、事業部門の管理職が、3年先、5年先を見通す力、構想力を身につけるよい機会となる。

例えば、長期経営委員会（仮称）のような会議体を組成し、幹部を集めて毎年定期的に長期経営のあり方を議論してみるのも有効かと思われる。

さらに、財務経理的には、事業部門の中長期的視点をバックアップすることが、重要である。上記の3点を財務経理部門がしっかり対応することにより、事業部門は安心して中長期施策を実行することができるのである。

コラム

中期経営計画の位置づけ

中期経営計画は、ビジョンと長期経営目標を実現するための通過点としての意味を持ち、ステップを踏んでゴールまでの階段を上りやすくするものである。当然、環境変化に応じて見直すべきものである。中期経営計画を策定した方がゴールの達成管理がしやすければ策定すればよいし、ゴールのみ（ビジョンや長期目標）を設定し、後は毎年環境変化に対応した戦略の策定・見直しをしながらゴールへの進捗を管理していくやり方もある。その場合でも通過点としての節目・目安となる中期経営目標は設定し、詳細な計画までは策定しないが、設備投資計画や研究開発費計画等を織り込むことが考えられる。

どちらの方がやりやすいかは企業の経営のスタンス・ポリシー次第であるが、やりやすさの判断は環境変化と現場状況に熟知した現場のマネジャーの考え・意見を尊重することが大事である。

ビジョンは全社員参加・みんなで作るものである。会社がステークホルダーみんなのものであるならば、共通の夢であるビジョンもみんなのものである。もちろん作り方はいかようにもあるが、大事なことは社員の意見を聴くプロセスを組み込むことである。ちなみに、その性格上社会の公器性・公益性が高い大学では、ビジョン作りにすべてのステークホルダーの意見を聴いて作成している。

また、長期経営指標は、将来ビジョンを数値という1つの側面と将来に近い時間軸で表現し補足するものである。ビジョンの実現に戦略の見直しが必要であればそれとともに経営指標も見直すことになる。大事なことはビジョンを実現するための中長期的な経営課題を明らかにし、毎期それを解決していくことである。その結果として中長期の経営目標（経営指標）が達成できればよい。本来ワクワク感であるはずのビジョン達成サイクルが、長期～中期～短期という数値目標による統制型の管理サイクルになるのは避けたいものである。加えて、短期主義で行動する投資家（株式市場）を意識しすぎると短期目標（年度業績）と同様に達成義務感の強い必達目標として中期計画を位置づけてしまい、自らの首を絞めてしまうようなことは避けるべきである（A社の海外戦略事業は巨額の売上目標を掲げ、結果的に投資が失敗、大掛かりな不正に手を染めてしまった）。

このように、統制型の管理サイクルは目標管理・行動統制により従業員にヘトヘト感と内向き志向を与えてしまう恐れがあるので、注意が必要である。

ビジョンと目標を掲げたら、後は現場の裁量・創意工夫を尊重し、任せる経営を展開していくことが大切である。

参考までにビジョンや中長期経営計画に関する企業の開示例を紹介する。

ビジョン・中長期経営目標（指標）、中期経営計画策定等に関する企業の開示例（一部）

会社	ビジョンの開示	長期経営目標	中期経営目標 中期経営計画	備考
I社	世界No.1のビジョンを示す	長期ビジョンとして2030年売上目標	中期戦略目標2020を開示 5年後の売上、営業利益率、ROE	中期経営計画の開示はなし
J社	ビジョンを示している	数値目標（経営指標）の開示は、売上原価率のみ	5年フェーズごとの中長期経営計画（2016-2020）を策定	7つの主要戦略を開示
K社	2030ビジョンを示している	2030数値目標を開示（売上高、営業利益率、ROE）	2020中期計画を策定 数値目標は、売上高年平均成長率（4か年平均）、営業利益率	市場成長に一定のリスクを織り込み、規模拡大に依存しない計画を策定
L社	新長期経営ビジョン2020（今後10年間程度の期間を見据え）	2020年近傍の売上、営業利益、ROE、ROAの目標を開示 2020年代にて新規事業創出の売上目標	3年間の研究開発費、3年間の設備投資額、3年間のトータルコストダウン額 配当方針 D/Eレシオ・ガイドライン	3年間の中期経営課題2019
M社	2020年ビジョンを示す	2020ゴールとして売上、営業利益目標、売上総利益率	3か年中期経営計画2016を策定 経営指標として、売上、営業利益、売上総利益率、ROIC、ROE、EPSを設定 さらに3年間の投資総額と研究開発費を示す	ROIC経営を推進

4 不正を誘発する経営指標

まずは、経営指標についての基本的な認識を確認する。

「経営指標とは、経営ビジョン・戦略に基づき設定する計数的羅針盤」といえる。

その性格として次の4点があげられる。

a　経営の目指す方向を数値で表わしたものである
b　経営指標は、経営資源の配分という意思決定の表われである
c　社員を動機づけ、行動を方向づけるものであるとともに、一方で、行動を制約する性格も併せ持つ
d　経営指標を設定するプロセスが、事業部門における目標や予算の基礎を作る（経営指標が決まれば予算の大枠も決まる）

一部補足をすると、bの経営資源の配分について、例えば、資本効率（経営指標）を向上させるために、事業の選択と集中（資源配分）を行うということである。

また、cについては、行動を制約する性格を併せ持つという点が留意すべきポイントであり、プレッシャーを通じて、不正の引き金になる可能性がある。

経営指標には、このような性格があるが、ひとたび設定を誤ると次のような不正事例等が発生してしまう。

ⅰ　時価総額至上主義による会計不正で経営破綻（米国、日本）
ⅱ　規模重視（世界販売台数目標）で、法規制逃れの不正（独、日本）
ⅲ　短期利益至上主義による無理な目標設定で会計不正（A社等）
ⅳ　創業時の経営理念を忘れた身の丈に合わない規模拡大目標（シェア重視）で創業以来初の大赤字（日本の総合電機メーカー等）

ⅳは不正ではないが、経営指標が経営に与えた影響が大きいため記載している。ⅰ～ⅳに共通していえることは、規模や目先の利益重視・成長ありきの経営指標が、組織内の社員の行動に悪影響を与え、不正な行動に駆り立てた点である。特に、ⅲはまだ記憶に新しく、第1章でも触れた事例である。大がかりな会計不正事例であるが、「言葉」に与えた影響として最も大きいのは、「チャレンジ」という純粋な挑戦者精神という言葉に、ノルマという義務的なイメージを持たせてしまったことである。人は言葉に反応するため、経営者の発する言葉は極めて重要である。

さて、ここで、日本の上場企業が掲げる経営指標の傾向を確認しておく（平成27年度生命保険協会調査より）。

企業が重視する経営指標の上位3つは以下の通りである。

1．利益額・利益の伸び率
2．売上高・売上高の伸び率
3．ROE（株主資本利益率）

ちなみに、売上高利益率は4番目であるが、ＲＯＥとほぼ同レベルの回答数であった。
一方で、投資家が重視する経営指標の上位３つは以下の通りである
1）ＲＯＥ（株主資本利益率）
2）総還元性向（配当＋自己株式取得／当期利益）
3）配当性向（配当／当期利益）
先に、i～ivの共通項として、規模や目先の利益重視・成長ありきの経営指標であると記載したが、企業が重視する経営指標の1番目と2番目は、売上と利益の伸び率となっている。これを成長ありきの過度な目標設定にしてしまうのか、あるいは、持続的成長の視点から目標設定を行うのかによって、結果は大きく異なる。大事なことは、これらの指標をどういう位置づけで、どのような目標を設定し、どのように社内に発信していくかである。

投資家が重視する指標の1番目ＲＯＥの解説も含めて、次項で詳しく述べていきたい。

5 経営指標を成功させる7つの視点

7つの視点として、S^3MARTを紹介する。
以下各項目の概要を説明していく。

経営指標設定の７つの視点“S³MART”

Strength Story Strech	強みを活かすものとなっているか ビジョンと戦略に基づく達成ストーリーが明確か 社員の成長を促す水準を目指しているか
Message	わかりやすいメッセージと共に伝えられているか
Accepted	社員からの共感・ステークホルダーからの 納得感は得られやすいか
Resource	経営資源の適切な配分が意識されているか
Time	時間軸の設定は適切か

Strength

強みを活かしたものになっているかは最も重要である。先に紹介した３Ｍの新製品売上比率がそうであり、コスト競争力に強みがあれば、売上高原価率を設定する場合もある。また顧客への提供価値にこだわり、顧客満足の高さに強みがあれば、顧客満足度も例としてあげられる。

強みは企業の独自性を創るものなので、今までにない製品やサービスで顧客に価値をもたらすものが購入できること、今までよりも安い価格で購入できるという具体的イメージが沸くような指標（新製品売上比率、圧倒的に安い価格の提供を可能にする原価率）を設定することが重要であり、ストーリーをもって説明することが有効である。

Story

ビジョンや戦略を反映するものであり、上

記の強みと重なりあうところもある。長期ビジョンは○○であり、その実現のための基本戦略はこういうものであるから、このような経営指標を設定しているというようなストーリーをもって経営目標や指標を掲げることが大事である。社内はもちろん、投資家など社外のステークホルダーの理解や共感を得るためにも、重要なツールである。中長期の成長戦略として、海外やサービス売上等の分野で成長していくということであれば、海外売上比率を○○%以上にする、サービス売上の比率を○○%以上にする、高付加価値分野の売上を○○%、○○金額にもっていく等の例があげられる。

上場企業の中でも海外展開を進める企業は、海外売上比率を経営指標に設定する場合が少なくないため、この指標について補足しておきたい。海外売上比率は、海外事業の売上成長戦略を推進する意味を持ち、市場が成長しており伸びしろがある場合は、既存製品をベースに現地ニーズへの対応（カスタマイズ）を図れば、増収増益路線が期待できるものである。草の根活動をして地域の実情を汲み取り、かつリスク管理をきめ細かく行っている企業は、海外で成功を収めている。なお、いずれ競争が厳しくなるため、土着化により常に現地のニーズを汲み上げ強みを磨いておかねばならない。

一方で、海外戦略事業という美名のもと使命感と離れた領域で過度な成長を追求すると、リスク管理が甘くなり（ないがしろになり）コントロールできなくなり自滅する恐れがあるので十分留意すべきである。海外であっても使命感を忘れず、世のため・人のためという発想でその国の社会的課題解決につながる事業を展開していくことが重要である。

Strech

7つの視点のうち、Strechに関しては、主に長期目標を念頭において考えることにする。長期の目標を高い目標にする理由は、挑戦による社員の成長、チャレンジングな組織風土の醸成、イノベーションを起こすきっかけにするためである。高い目標を掲げることは従来の発想にとらわれず積極的な挑戦を行うという点で意味がある。また高い目標はチャレンジやイノベーションに有益であるだけでなく、生産性も高める。つまり業務など何かを捨てることを決断させるきっかけとなる。高い目標を達成するプロセスを通じて組織力向上（変化対応力）、人財成長が図られることが重要であり、結果的に目標は達成できない状況になっても、それ自体を問題視する必要はない。社員が成長しイノベーションを起こすことに価値がある。

一方、短期目標や中期経営計画で開示する中期目標水準があまりに高すぎると社員へのプレッシャーとなり行動に悪影響をもたらす可能性があるので留意が必要である。また、業績評価の対象となる短期目標は高すぎてもいけないが低すぎてもいけない。創意と工夫を産ませる適度なストレッチが必要である。

Message

なぜこの目標にしたのか、なぜこの金額にしたのかについて、社員にわかりやすく十分に伝えることが必要である。もちろん投資家等外部ステークホルダーへの説明は重要であるが、そこに意識をとられ、社員への説明が不十分になることは避けなければならない。掲げた目標のために日々一生懸命頑張るのは、投資家ではなく社員である。

ステークホルダーのニーズに配慮した経営指標（例）

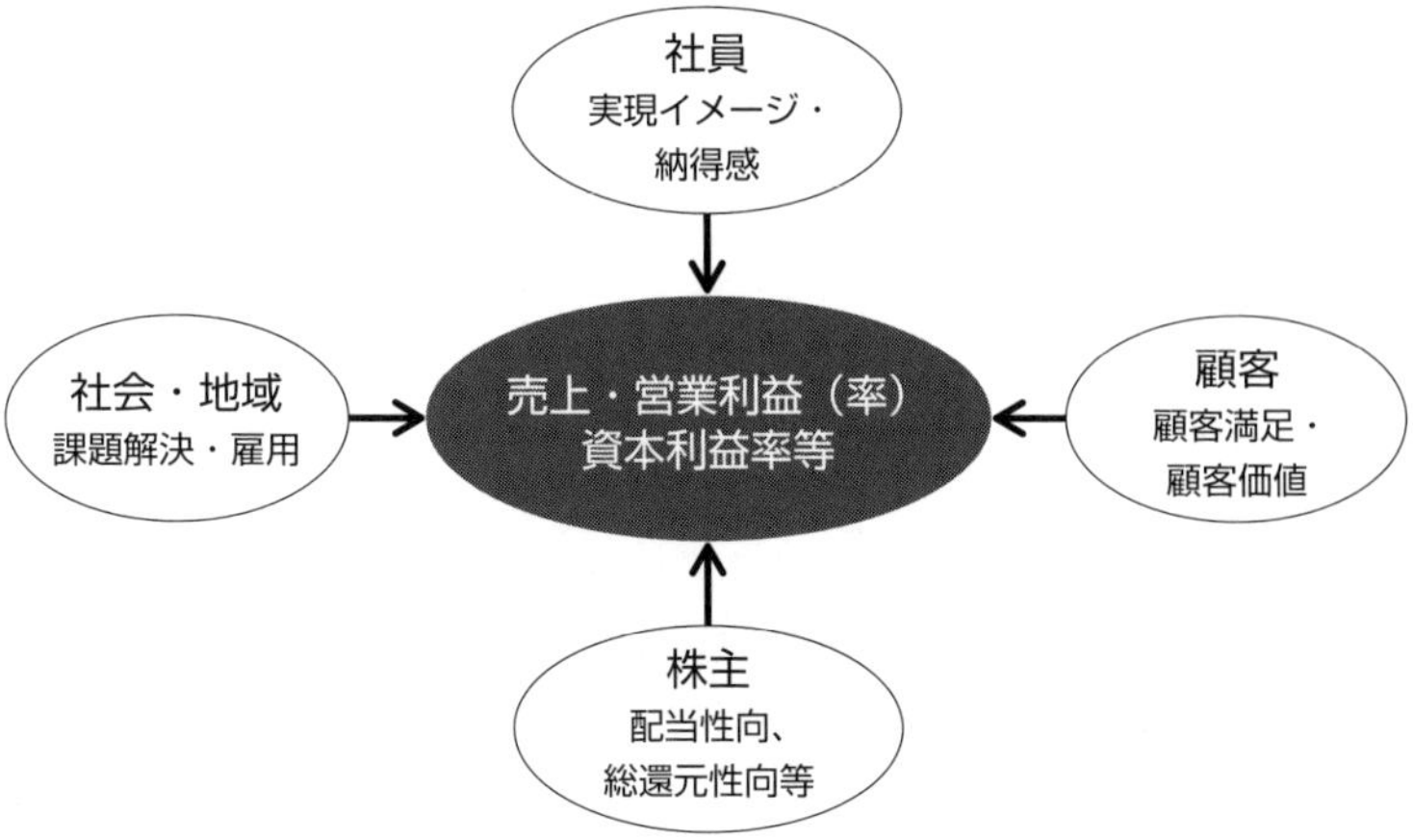

社員からの共感は上記の十分なメッセージがあってはじめて得られるものである。また、ビジョンとの関わりにおいて、だからこういう経営指標だということを説明することが大事である。

そして、ステークホルダーに受け入れられることも重要である。特に投資家・株主視点に立てば、ＲＯＥ、配当性向や総還元性向等は、重要な経営指標である。それらを中長期的にどのような水準にもっていくのかについて開示することは必要であろう。

一方、社員の視点に立つと、ＲＯＥや配当性向よりも、売上や新製品売上比率、さらには顧客満足度といった指標の方が、身近であり関心も高い。

顧客視点に立てば、顧客満足を高め顧客価値を創出することが求められ、その結果としての対価は粗利益（率）に反映されるため、粗利益率や営業利益（率）が経営指標となる。

さらに社会の視点に立ち、課題解決に取り組んで

ドラッカーが注目した経営指標（長期視点の重要性）

収益性の測定値は
その有する諸資源の利益創出の能力を
示すものでなければならない。（中略）それは
ある一定期間の利益（短期的利益）を図るものであってもならない。
永続事業体としての企業の収益性に焦点を当てなければならない。

（出所：未来企業）

経営指標	◆36か月ローリングの営業利益 ・新規事業や新商品の売上の割合 ・投下資本利益率 ・資本コスト

いくことにより、長期的には売上・利益の持続可能性につながっていく。

大事なことは、これらをバランスよく整合性をもった形で組みあわせて経営指標の構成を検討することである（前頁のステークホルダーのニーズに配慮した経営指標の図を参照）

Resource

中長期の目標であればそれを実現するための経営資源の適切な配分が重要である。つまり、中長期目標として掲げた売上や営業利益（率）を達成するためには、その経営計画期間で、どのくらいの設備投資を行うか、どのような戦略投資をいくら実施するか、また、その財源として営業キャッシュフローをどのくらい獲得するのか、さらには事業の選択と集中をどのように行うのかについて、具体的に目標を掲げることが、重要である。

Time

最後は時間軸とその表わし方である。毎年対前年

比○％ｕｐ（成長率○％）では短期志向に陥いる可能性があるため、中長期志向を社内に浸透させるための経営指標が重要となる。成長性指標を例にとれば、中期経営計画期間の年平均成長率という表わし方や中期経営計画期間累計の目標金額という表わし方がある。また、高い目標設定が望ましい長期目標としてはどのくらいの時間軸で考えるのかも重要である。２０２０年、２０３０年と期限を明示する場合もあれば、２０２０年代、２０３０年近傍というように、あえて期限を明示せず社員の前向きな想像、意欲を高める表わし方もある。いずれにしても目標水準との兼ね合いにおいて、調和のとれた時間軸を設定することが必要である。

ちなみにドラッカーは、経営指標の性格（長期視点という時間軸）について、右上図のような見解を述べている。

補足として、各事業の視点で時間軸を考えてみたい。

事業ごとに外部環境が異なり、ライフサイクルも異なるため、現状の成長ステージがどこにあるのかをしっかり見極めることが重要である。つまり事業ごとに持続的な成長の方針を設定し、その方針に基づいて事業目標を長期⇓中期⇓短期と逆算で決め、各事業の中期目標を合算して会社全体の中期経営目標（数値目標）を決める方法も有効である。

一方で、○％成長率という全社統一方針により、各事業を一律の成長率目標で管理するのは、事業の特徴と実態を反映していない形式的な目標管理になってしまう。なぜなら、長期的視点で育成していく事業については、全社一律の成長率目標を短期や中期までに実現を図ろうとすると、将来に向けた戦略投資や戦略コストが打てなくなり、結果的に持続的成長が実現できなくなるからである。また、事業の業績評価についても同様の留意が必要である。すなわち、すでに収益基盤が確立している事業については収益性を重視した評価を行い、将来の成長を意図した戦略事業や新規事業の場合は、採算や収益性でなく、

・ターゲット顧客からの受注
・新製品の引き合い・売上

など、ビジネスの時間軸や事業計画に基づいて適切な評価指標を設定することが大事である。また、そこで働く従業員のモチベーションにも十分配慮することが重要である。評価である以上、結果は重要であるが、特に新規事業の場合は、結果を生み出すプロセスも同じように重要であり、結果指標のみで評価し、結果が出なければ統制に切り替えるようなやり方をするとやる気がそがれるため、十分な留意が必要である。

会計とは脱線するが、筆者の経験則上、人のやる気を高め成長させるには、下記の4つがとても大事である。

・認める
・任せる
・考えさせる
・褒める&叱る（適切なバランス）

以上、経営指標の7つの視点を述べてきたが、これらを実現したイメージを2つの事例（左図①②）

持続的成長に資する経営指標の設定例①　～期間累計目標～

経営ビジョン	小さくてもキラリと光る特長をもったオンリーワン企業を目指す
経営戦略	強みに集中した（製品種類の絞込み）オンリーワンの成長戦略と自社ブランドを磨く付加価値経営

経営指標は

メッセージ	20XX 年の経営指標イメージ ・安定的に業界ハイレベルの営業利益率を確保 ・持続的成長により売上高○○○＋α、営業利益○○＋α ・中長期的に ROE と自己資本比率を高次元でバランスを保つ
経営指標	中期経営計画期間の経営指標 ・売上高 ○○○（3 年間の合計）、営業利益 ○○（3 年間の合計） ・営業利益率○%　（3 年間の平均） ・ROIC ○%　（最終年度）、ROE ○%（最終年度の目安） ・３か年の投資計画（研究開発投資○○、設備等投資総額○○） ・3 か年における配当性向の目安（○%～○%）

持続的成長に資する経営指標の設定例②　～年平均成長率目標～

経営ビジョン	お客様の期待を超える品質を通じて、世界で信頼される企業グループを目指す
経営戦略	「強み」への集中と「強み」を活かした新たな価値創造・イノベーションによる長期安定成長

経営指標は

メッセージ	20XX 年の経営指標イメージ 売上・利益の持続的成長を最優先としつつ、株主還元等による資本効率の向上により、企業価値の向上（ROE と EBITDA の持続的成長）を目指す
経営指標	中期経営計画期間の経営指標 ・売上高　　年平均成長率 ○%以上 ・EBITDA　年平均成長率 ○%以上 ・株主資本利益率 ROE ○%目途（最終年度） ・３か年の投資計画（研究開発投資○○、設備等投資総額○○） ・３か年における配当性向の目安（○%～○%） ※EBITDA：営業利益（のれん等償却前）＋減価償却費

資本効率に関する代表的な３つの指標

株主資本（自己資本）利益率（ROE：Return on Equity）

株主資本（自己資本）をどのくらい効率的に運用して利益に結びつけているか

算定式：$\dfrac{\text{当期純利益}}{\text{株主資本（自己資本）}} \times 100\ (\%)$

投下資本利益率（ROIC：Return on Invested Capital）

事業活動に投下した資本をどのくらい効率的に運用して利益に結びつけているか
純粋な資本効率を見る指標（効率よく本業で稼ぐ力）であり、企業価値に関する指標（EVA）とも関連が深い

算定式：$\dfrac{\text{（税引後）営業利益}}{\text{投下資本}} \times 100\ (\%) = \dfrac{\text{営業利益}}{\text{売上}} \times \dfrac{\text{売上}}{\text{投下資本}}$

分解式：売上高営業利益率 × 投下資本回転率

総資産利益率（ROA：Return on Assets）

総資産（＊）をどのくらい効率的に運用して利益に結びつけているか

算定式：$\dfrac{\text{当期純利益}}{\text{総資産}}$ or $\dfrac{\text{経常利益}}{\text{総資産}} \times 100\ (\%)$

（＊）事業活動への投下資産以外の資産を含むため、事業にフォーカスした資本効率をみるには、ROICが使用される。

で紹介したい。

経営指標の策定は役員が全身全霊をかけて取り組むべきものである。

6 資本効率の3大指標とROEの留意点

前項で投下資本利益率（ROIC）、株主資本利益率（ROE）を経営指標として示していることから、本項では、資本効率の3大指標についておさらいをしておきたい。

(1) 資本効率の3大指標

3大指標とは、ROE（株主資本利益率）、ROIC（投下資本利益率）、ROA（総資産理系率）であり、ポピュラーな指標であるため、詳細な説明は上図をご覧いただきたい。

本書の構成として、第6章の4事業ポートフォ

純粋な資本効率の概念図（投下資本利益率：効率よく本業で稼ぐ力）

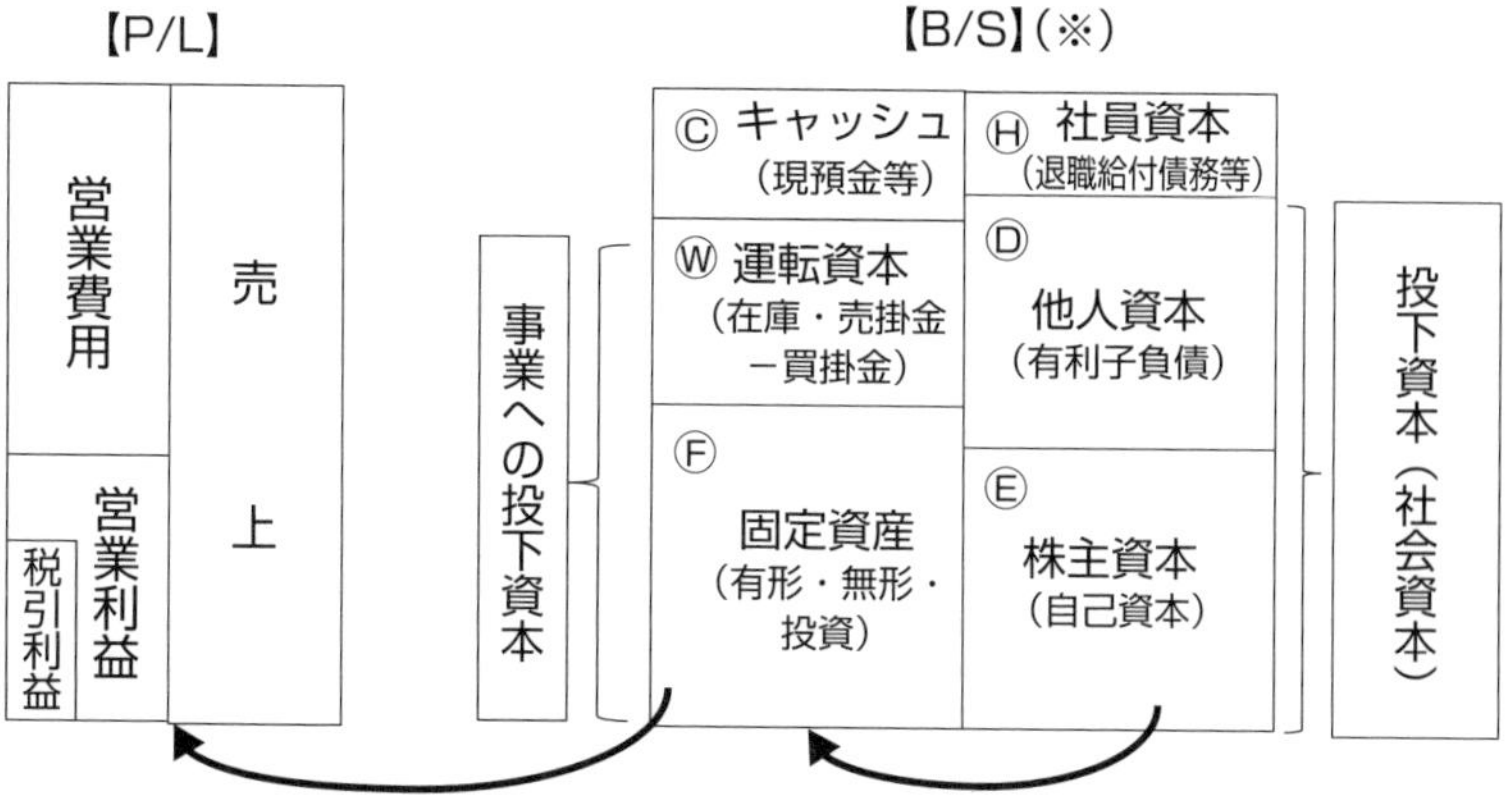

全社 ROIC＝税引営業利益 ÷ （株主資本 E＋他人資本 D）
事業 ROIC＝税引営業利益 ÷ （運転資本 W＋固定資産 F）

※ B/S については、簡便化のため、その他の資産・負債は割愛している。

リオ分析のポイントにおいて、ＲＯＩＣ（投下資本利益率）を使用することや、ＲＯＩＣは、企業が経営資源をどれだけ有効に活用しているかを判断する指標（純粋な資本効率を測る指標）であることから、ＲＯＩＣについて、詳しくみることにする。上に純粋な資本効率についての概念図を示す。

(2) 純粋な資本効率ＲＯＩＣ

全社ＲＯＩＣは、会社全体でみた経営資源の最適配分を実現しているかという分析に使用する指標であり、また、後述するように社会から集めた資本を有益に活用しているかを判断する指標でもある。

事業ＲＯＩＣは、事業別の投資効率を把握し、もって事業ポートフォリオの分析に活用する指標である（サービス業等在庫や在庫を生み出す固定資産を持たない業種、また、単一事業の企業は、事業別でなく全社ＲＯＩＣが検討テーマとなる）。

これら詳細については、第6章の4事業ポートフォリオ分析のポイントの項で説明する。投下資本を社会資本と言い換えているのは、次のような趣旨である。

社会資本とは、自己資本（株主資本）と他人資本（有利子負債）を合わせたものをいう。言い換えればステークホルダーからの資本ともいえる。有利子負債は金融機関からの借入金が主であり、金融機関にとっての貸付金になる。金融機関の貸付金が国民の預金を主な原資にしていることを考えれば、企業は社会から集めたお金で経営をしていることになる。第1章でも紹介した松下幸之助氏の「企業は社会の公器である」がそれを物語っている。ゆえに企業は社会から調達した資本を有効に活用し、社会に還元できる価値（成果）を生み出さなくてはならない。

調達した資本に見合う価値を生み出しているか、それを判断する指標が「社会資本利益率」（全社ＲＯＩＣ）になる。

また、上記簡易版のＢ／Ｓで社員資本という名称を用いている。法律上会計上このような言葉はないが、本書は「企業は人なり」をベースにした持続的成長をテーマにしているため、この用語を作成・使用している。

社員資本とは、社員が退職したときに備える退職給付債務のことをいう。基本的に安定的な雇用を行うとともに社員の平均勤続年数（定着率）が長いほどこの金額が大きくなる。人材の流動化が指摘されてはいるものの、日本的経営の特長である従業員の長期安定雇用がベースにあり、従業員の将来の安心感につながっている。したがって、負債、債務という言葉でなく、将来にわたって活用できる労働資本、つまり社員資本という考え方が必要であり、社員の将来のために、社員資本は一定の金額水準を維持すべきである。

(3)　ROEの留意点

このような前提をふまえ、ROEの留意点を述べてみたい。

ROEは株価との関連性が認識され、株主価値という観点からは、わかりやすい経営指標であるが、以下のような点があるので留意すべきである。

✓一般的に、自己資本だけでなく他人資本も事業資産に投下している状況を考えれば、自己資本のみを分母とした場合は、純粋な資本効率（資本利益率）が判断しにくい

✓短期的視点でのROE向上策（自社株買いや配当増加）は、短期視点の株主を満足させるが、資金が成長のための事業投資に十分振り向けられず、真に中長期的な企業価値の向上につながらない恐れがある。

✓本質的にみて、社会の公器である企業は、社会資本に対する一定のリターン（社会への還元率＝社会資本利益率）を重視すべきである。

株主や投資家に対して株価との関連性を説明するために、ROE指標を選択するのか、あるいは、純粋な資本効率と資本の社会性という観点から、ROICを選択するのかは企業の判断である。

なお、ROE以外に、株価の理論的根拠となる長期的なキャッシュフローを示す指標（企業価値の向上を示す指標）について下記で検討してみたい。

アマゾンは、利益率は投資の役に立たないとして、1株当たりのフリーキャッシュフローを経営指標に掲げている。これは株価との関連を意識し、また、キャッシュフローをそのまま指標にすることで、中長期的な企業価値の向上を目指すというメッセージが表われている。現に、ジェフ・ベソスCEOは、以下のように述べている（「ハーバード・ビジネス・レビュー」March. 2013より）。

「長期志向であれば、顧客と株主の利益を両立させることができます。短期志向では常にそうなるとは限りません。7年後に実を結ぶ種を蒔くのが好きです。常に、2、3年で主要な財務業積を達成する必要性に迫られていたなら、キンドル、アマゾン・ウェブ・サービス、アマゾン・プライムのように、私たちが導入した最も意義あるサービスの一部は決して実現しなかったでしょう。」

アマゾンは、研究開発費（テクノロジー&コンテンツ費用）の水準を高水準で維持し、その結果、営業利益率やROEは低水準となっている。しかし、上記のように顧客に支持される革新的なサービスを開発し続け、そのための成長投資を惜しまず、長期的な収益性・成長性を高めていることが、結果として高水準な株価につながっているのである。

7 ▶短期利益は最適化し、長期利益を最大化する

短期利益の最大化を目指せば、将来のための先行投資が不十分となり、長期利益の創出は困難とな

る。逆に、研究開発にお金をかけすぎれば、株主から開発資金を配当に回せと言われる。上場企業はたえず、この挟間で短期利益と長期利益の最適なバランスを見出そうとしている。最適なバランスに絶対的な解はなく、各企業の判断・ポリシー次第である。

では、その判断にあたり、何が最適なバランスを決めるのだろうか。それは「持続的業績成長の基本的考え方」である。筆者は次のように考える。

短期利益は最適化し、長期利益を最大化する。

言い換えれば、次のように表現することもできる。

短期利益は株主の利益を損なわない一定の配当を行える水準とし、長期にわって利益が最大化できるような資源配分を行うことである。

では、これを実現するためには何が必要か。２つのことが必要である。

１つ目は、「利益を時間軸でマネジメントする５つの費用」、２つ目は、「意思ある踊り場を設定する（いったん立ち止まる勇気と戦略の実行）」である。

そしてこれらの結果としてあげられる持続的業績成長の目標は「中長期的には増収増益の基調を維持する（一時の減益は受容）」ではないだろうか。時には環境の激変等により減益になることもあるであろうし、意思をもって将来のための仕込みをすることもあるであろう。ただ、そうした状況を乗り越えながら、中長期的には増収増益基調を造りあげることを目標にする考え方である。一時の減益を受容するは、会社のポリシー次第であるが、社内の士気を考えれば、何らかのメッセージは必要かもしれない。豊田社長は「2期連続減益は野球でいえば連敗」と自らと社内に向かって鼓舞していた。連続減益見通しの中、20年先へ向けた投資を続ける固い意思と、短期業績に対しても負けない姿勢を示されている。

最適なバランスとは、種まきと刈り取りが双方共に常にできていることと言い換えることができる。

8 ▼利益を時間軸でマネジメントする5つの費用（未来費用は天引投資）

ここでは5つの費用を説明しながら、利益マネジメントのポリシーについて述べていきたい。5つの費用とは、営業費用（販売費及び一般管理費）を5つに大分類したもので、以下の項目である。

i　人件費
ii　減価償却費等（のれん償却費含む）
iii　未来費用（研究開発費・人財開発費）
iv　戦略コスト
v　運転経費

以下にポイントを説明する。

人件費と減価償却費は、経営の基盤となる固定費であり、経営資源のうち人・ものに関するもので

営業費用の大分類【5つの費用】

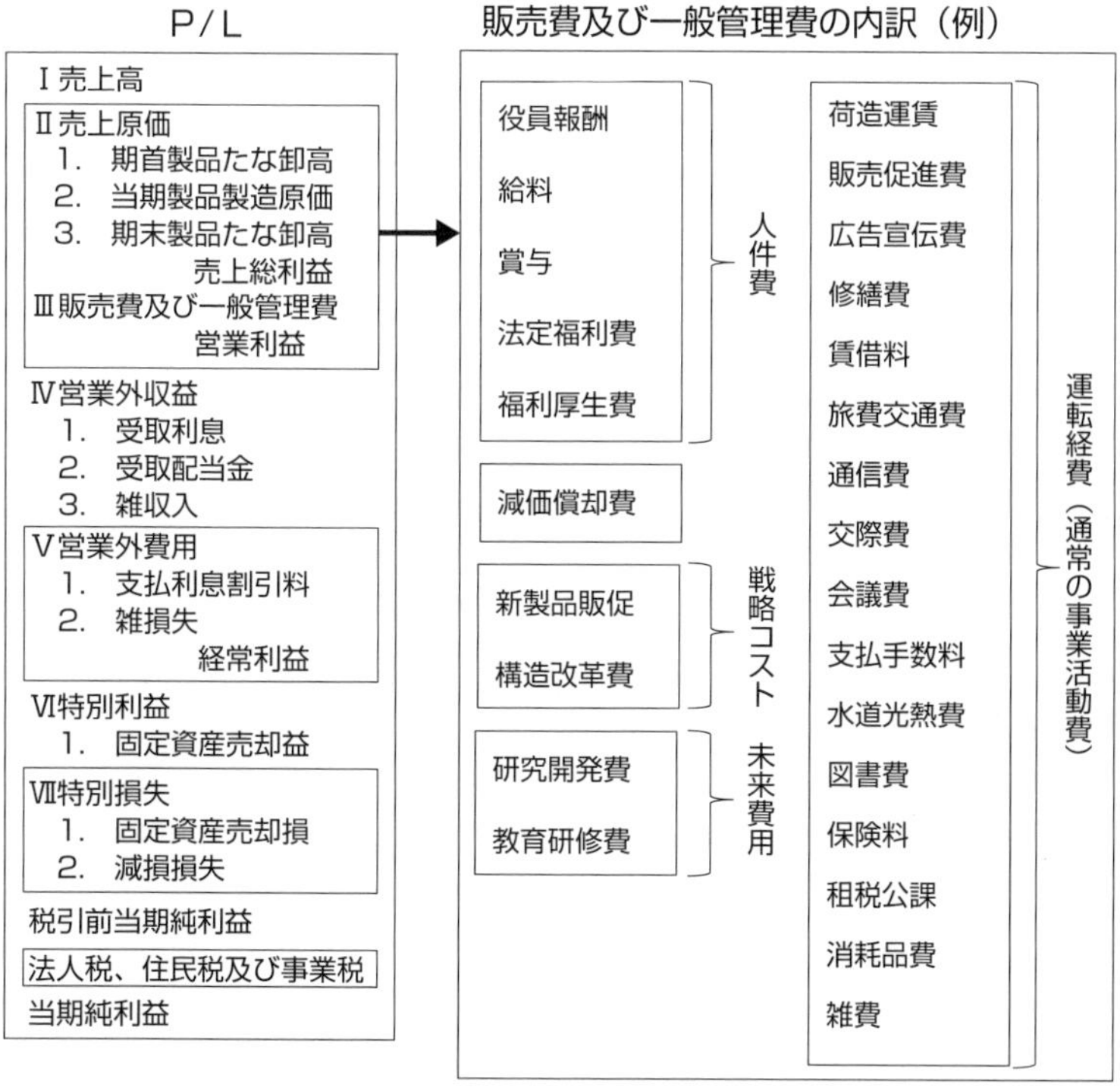

ある。また、それぞれ別個の関係ではなく、人手不足を解決するための設備導入という関係もある。設備投資は、成長局面においては、果敢な先行投資を行うことがあり、投資直後の期間においては、減価償却費負担と認識されることもある。

未来費用はその名前の通りで、研究開発費、人財開発費（教育研修等人財育成費と新人・中途の採用費）ともに未来の利益を創る費用である。

また、戦略コストとは、マーケティング等の戦略実行コストや環境変化への対応コストと定義する。

運転経費は、営業費用から、

5つの費用の性格と管理の目安

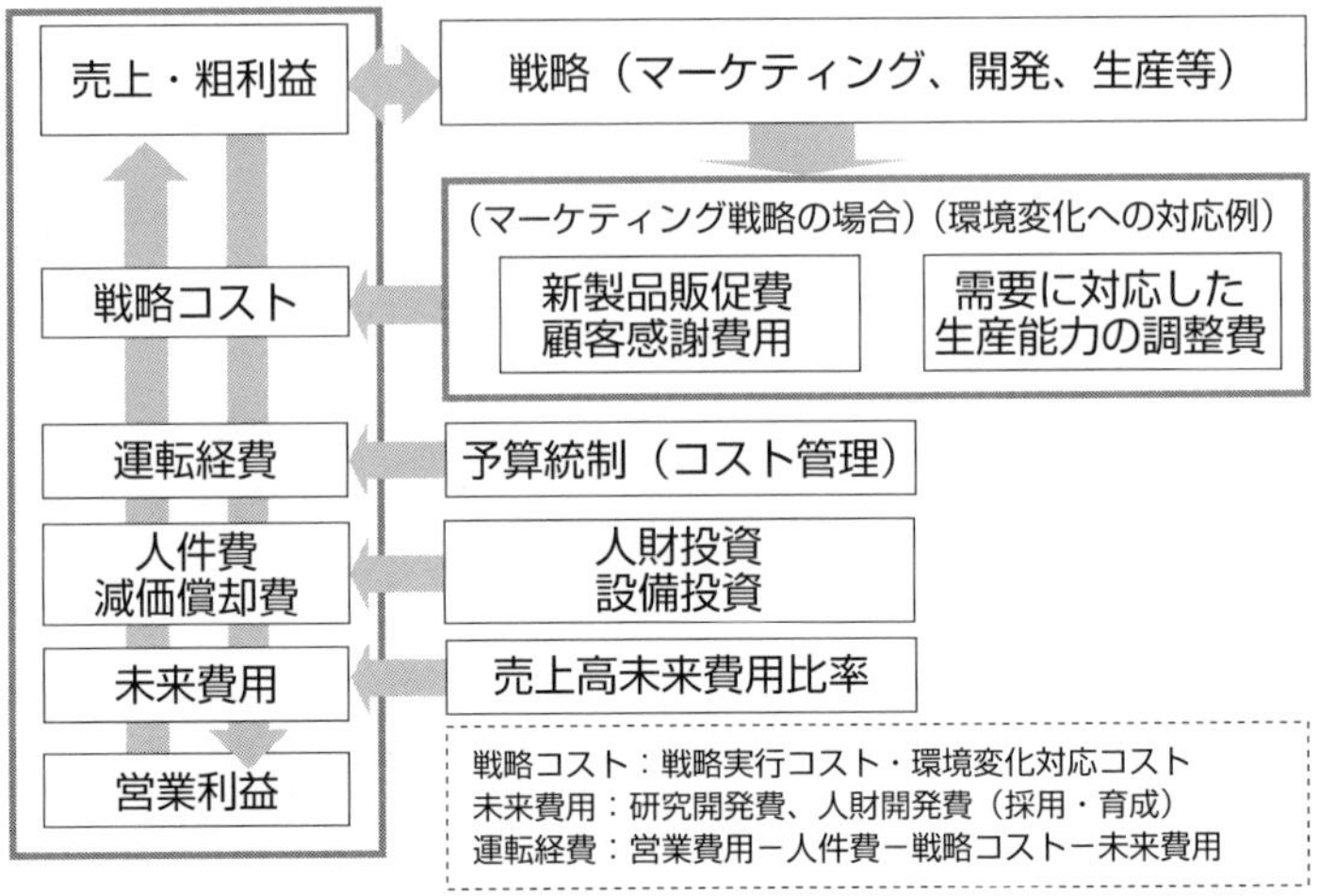

人件費・減価償却費・未配費用・戦略コストを除いた費用で、通常のオペレーションの費用である。

これら５つの費用の性格と管理の目安は以下の通りである。

i　人件費：1時間当たりの付加価値を意識し、生産性向上の実現を目指す。

ii　減価償却費等：持続的成長を維持していくための費用といえる。

iii　未来費用：売上高に対する一定の率を維持し、短期業績重視のために削られることがないようにする。

iv　戦略コスト：戦略の実行が中途半端にならないよう必要額を確保する。

v　運転経費：予算統制により、可能な限り削減し、上記の財源に充当する。

これらを簡単な図で示すと右図の通りである。

それでは、この図にある、粗利益、営業利益、５つの費用との関係性を利益マネジメントの観点から説明していきたい。

ここで粗利益を出発点に位置づけているのは、粗利益が各段階のすべての利益の大元にあるからである。

粗利益の水準は、顧客への独自価値の実現度合いと売上原価率の水準（コストダウンの程度）を表すものといえる。原価率は品質維持との兼ね合いで削減率に限界があるため、活動の創意工夫によって向上の可能性が大きい独自価値について述べる。

独自価値とは、顧客にとっての価値をもたらすもの（顧客が認識する価値）であり、かつ、他社と差別化できる独自性のある価値をいう。さらに、顧客とのあらゆる接点において、変化する顧客のニーズを把握し、自社として対応するニーズの顧客満足度を高める活動（より速く提供する等のバリューチェーン）が含まれる。顧客の基本的ニーズに対しては完全に応えるのが大前提であるが、多様化する顧客ニーズのすべてに応えようとすると無理が生じコストも増加するため（長時間労働の原因にもなる）、自社の強みを活かせて顧客に最も価値を提供できるニーズに絞り込み、そのニーズに対して提案型・独創的な製品・サービスを提供することがポイントである。以上のように、独自性を駆使することにより、顧客にとっての価値をどの程度実現し向上できているかで満足度を捉えることを、本書では「顧客価値満足度」と呼ぶ。

価格を下げて売上数量を伸ばしても価値（質）が向上しなければ、価格のみの競争ではやがて淘汰されるため、粗利益は増えず、粗利益が増えなければ、営業利益、さらには最終の当期利益にもつながらないのである。また、粗利益を左右する重要な要因には、価格設定（値決め）があげられる。顧客が価値を認めて支払ってくれる最高価格を探り当てることが肝であり、値決めは経営である（経営者・役員の仕事）と言われる所以である。

左図をご覧いただきたい。

この図の意味するところとして、以下の点があげられる。

・長期的視点においては、未来費用、人件費、減価償却費等を一定水準に保つことが重要であり、目先の利益のために将来の利益を犠牲にしてはいけないということ。ある意味これらは持続的成長のための固定的な費用といえる。

・短期的視点においては、環境変化に対応し適時かつ適切な戦略コストを実行することが重要であること。

・運転経費は、予算統制によりコントロールし、特に戦略コストの財源を少しでもプラスにもっていくこと。なお、従業員満足の維持に配慮が必要である。

これらの費用のマネジメントにより以下の効果が期待できる。

・研究開発費は、強みに立脚した独自性の追求により新製品開発やコストダウン（ＣＤ）を実現し、それが粗利益率の向上をもたらす。人財開発費については直接的な効果の分析は難しいが、能力を向上させるために一定の水準を維持することが長期的な利益をもたらすと考えられる。これについては第４章人財で詳しく述べたい。

最適化する利益（短期）と最大化する利益（長期）：５つの費用分類
営業利益と粗利益の現状（マネジメント実行“前”）と目標

太枠：現状の粗利益（Y）

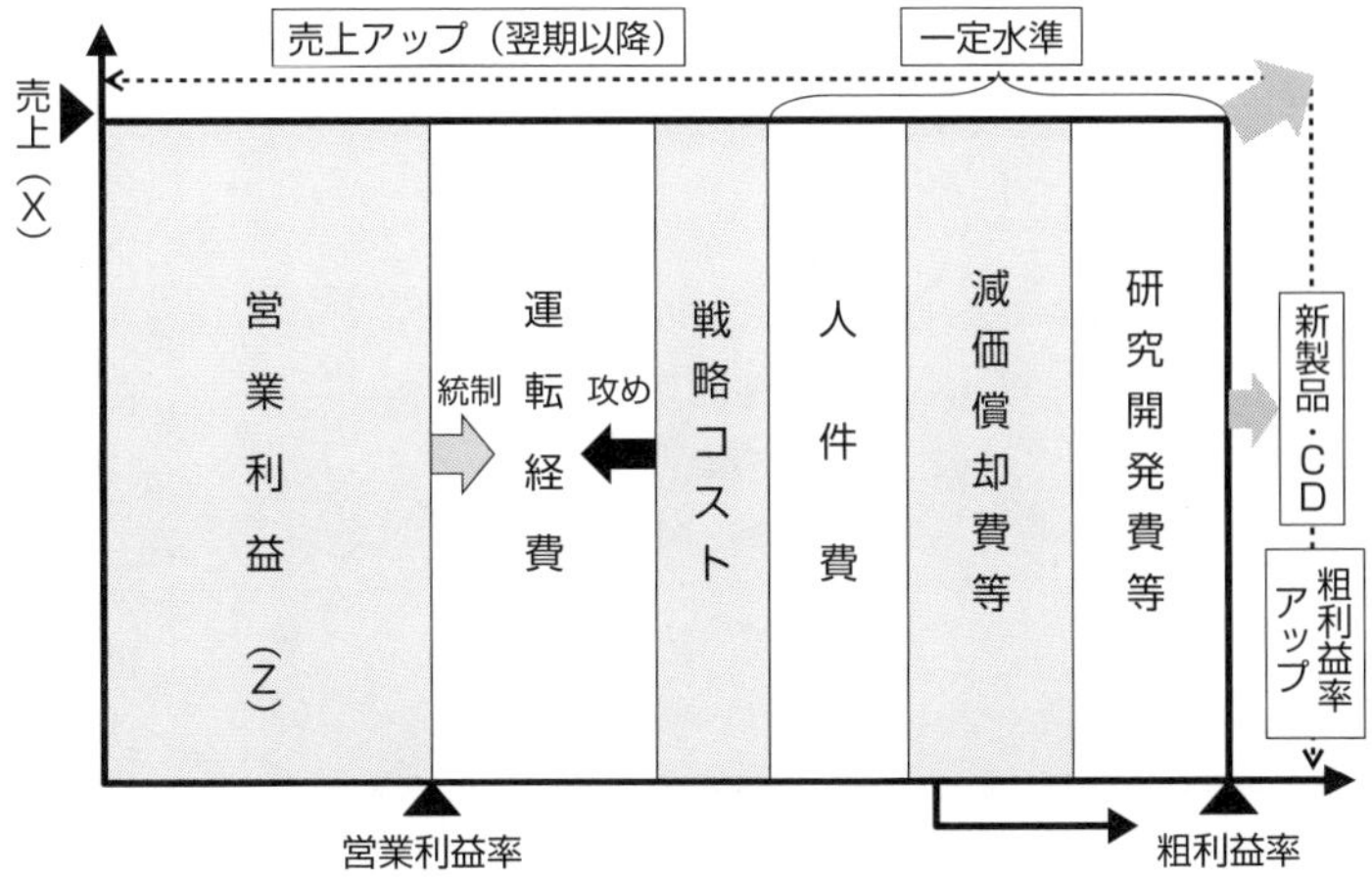

・人件費については、生産性の向上に取り組むとともに従業員満足を実現することにより、顧客満足の向上につなげ、最終的には売上や利益の向上をもたらす。なお、この点については、粗利益の算出に反映済みの原価人件費（労務費）についても同様のことが言える。ただし、人件費の水準のみが従業員満足や組織の成果を実現するわけではないので、お金の報酬以外の報酬を検討することが重要である（第4章人財参照）。

　人件費以外の費用は、これまでの経験則上、かけた費用・投資に対してどのくらいのリターンが見込めるか大枠での予測は可能であるが、人件費はお金の水準よりも人の内面の影響が大きいので、単純な計数指標（付加価値／人件費倍率）でリターンの水準を推測することはできない（第4章で詳しく述べたい）。

・減価償却費等については、将来を見据えた設

最適化する利益（短期）と最大化する利益（長期）：５つの費用分類
営業利益と粗利益の望ましい水準（マネジメント実行“後”）

太枠：翌期以降の粗利益（Y´）

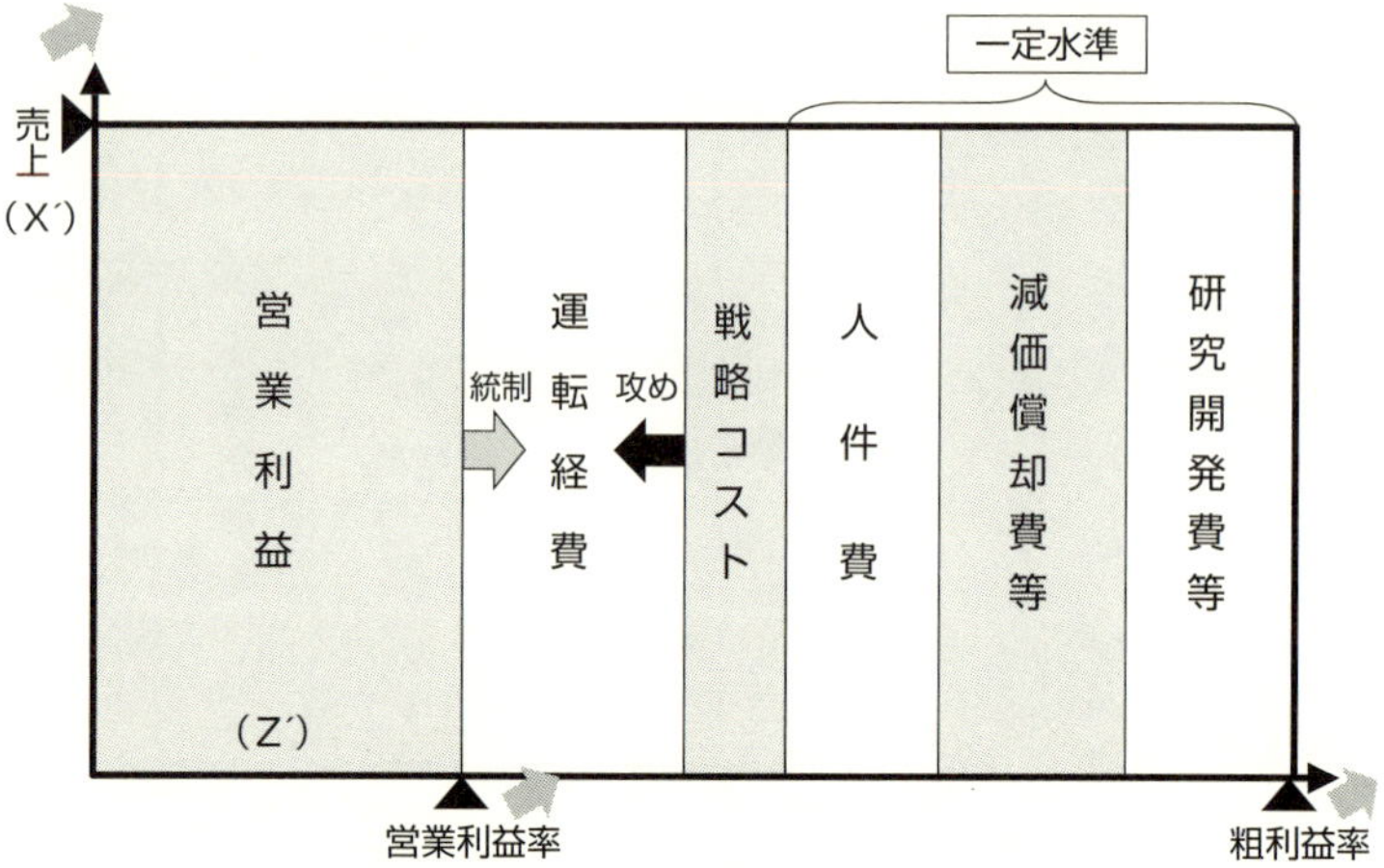

備投資の実行や戦略投資の実行により、中長期的な利益の創出をもたらす。

・戦略コストについては、環境変化への的確な対応やマーケティング等の戦略の実行により、翌期以降の売上・利益をもたらす。環境変化への的確な対応とは、これからの成長分野を伸ばす強みに集中し、さらに強化することと言える（これについては、次項で詳しく述べる）。

また、マーケティングは、ドラッカーによれば、顧客の欲求からスタートする活動であり、顧客に独自性のある価値（新製品の独自性や顧客サービスの独自性など）を訴求する活動でもある。いわば販売を不要にすることであるとも言われている。

なお、第4章人財で説明する長時間労働削減等生産性向上のためのインフラ・システム投資は、戦略コスト（または戦略投資）として位置づける。

これらのマネジメントの結果、望ましい水準を図で示すと右図のようになる。

の矢印が、望ましい成果を表わしている。売上と利益は増加し、利益率も向上すると考えられる。

売上　：X′＞X

粗利益　：Y′＞Y、粗利益率　：（Y′／X′）＞（Y／X）

営業利益：Z′＞Z　営業利益率：（Z′／X′）＞（Z／X）

※粗利益率が向上することによって、最終的には営業利益が増加し、また中長期的には営業利益率も向上すると考えられる。

以上から言えることは、増収増益を目指すとしても、短期利益は最適化を意識し、長期利益を最大化するというポリシーを持つことが重要である。これを実現するキーになるのが、５つの費用分類である。特に、戦略コストと未来費用への資源配分が重要であり、短期利益確保の犠牲（削減）になってはならない。戦略コストは翌期以降の収益のために必要額を果敢に実行することが重要であり、未来費用はある意味、「**天引投資**」である。研究開発投資、人財開発投資などの未来投資を毎期、必要額、必要時間、必要人員差し引いて確保しておくことである。そうすることが必然的に効率化と生産性を向上させることにもなる。

大事なことはお金の使い方である。天引投資、特に、研究開発費は、売上高の○%と一定水準を予算組みする場合があるが、人財開発費（人財育成費・人財採用費）も合わせた未来費用について、一定水準（例えば、売上高の○%以上など）を確保するというポリシーを予め決めておくことが重要である。

また、設備投資（減価償却費）についても、留意が必要である。過去の不況時の投資抑制がネック

中長期的な収益創造に資する戦略的な投資と未来費用・戦略コスト

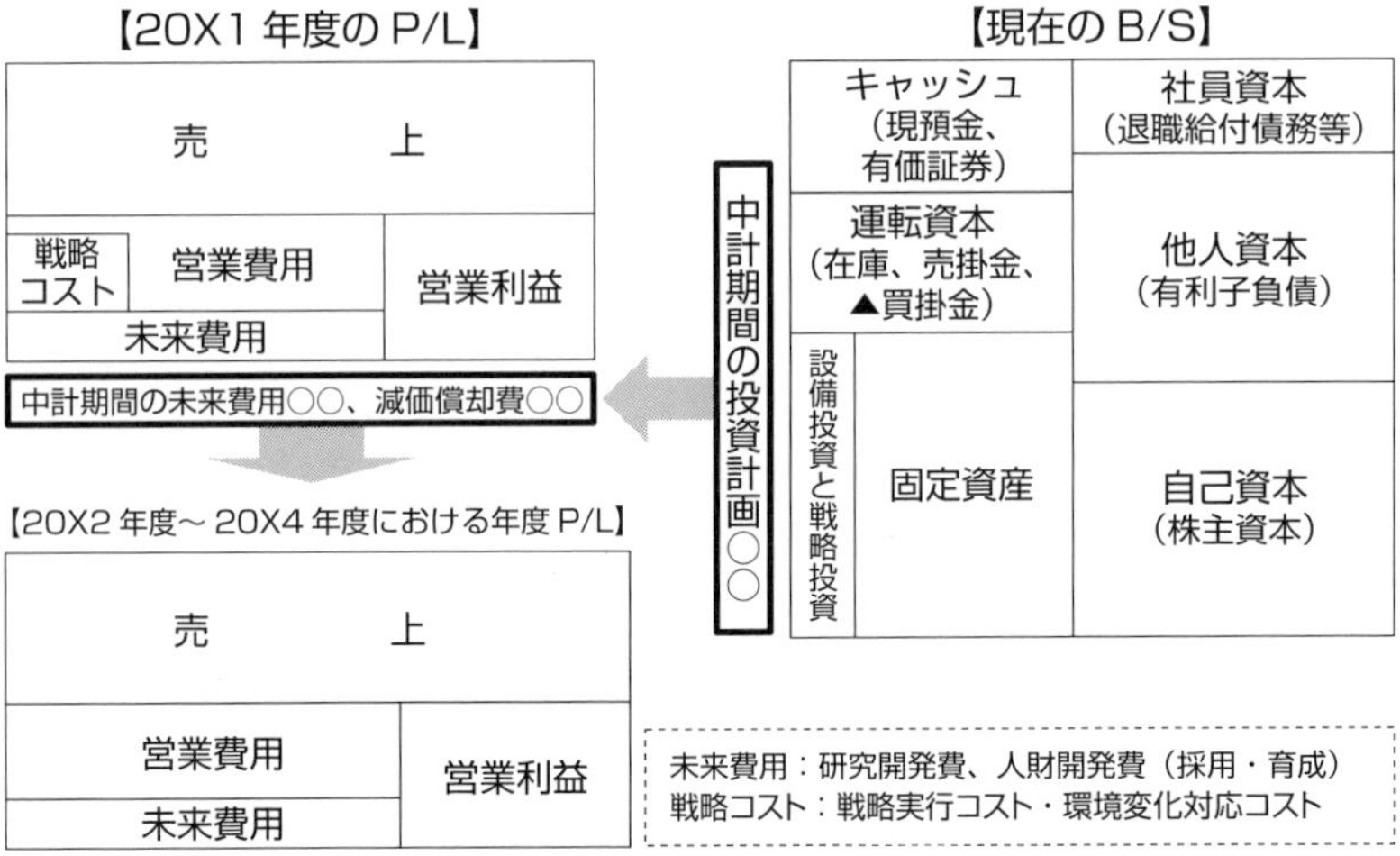

となり、需要を取りこぼした結果、減収・減益が続いた事例も少なくないため、将来のための先行投資という基本的な位置づけを忘れてはならない（削減した償却費よりも、喪失した利益の方が大きいことは言うまでもない）。なお、差し引き後の短期のやりくりでは、運転経費を合理的な水準に収め、適切な予算統制を行うことが大事である。

特に未来費用は長期利益獲得のための費用であるので、見える短期利益のためでなく、まだ見ぬ長期利益のために先行投資するのは果敢な勇気と決断がいることであるが、それなくして持続的成長はないと肝に銘じるべきであろう。

以上をまとめ上図に示す。

9 いったん立ち止まる勇気と戦略の実行（意思ある踊り場を設定する）

意思ある踊り場を設定するとは、環境変化に適応するため、果敢に戦略コストを実行し、減益を恐れずあえて減益を選択し、翌期以降のレバレッジ（中長期的な成長基盤）を実現するということに他ならない。減益は、意図した結果、戦略的な行動をとった結果である。

意思ある踊り場は、外部環境の変化に適応すべくいったん立ち止まって作戦を練り直し、構造改革を行うためのものである。

利益の源泉について、外部要因が46％、内部要因が54％という説がある（ハーバード・ビジネススクールのステファン・P・ブラドレー教授の説）。

外部環境の変化は、市場の参加者には平等にやってくる。為替相場や該当製品の市況などマクロの経済環境はコントロールできず、対応も困難である。しかし、市場や顧客の動向等の外部環境の変化への的確な対応、かつ、変化を機会として認識し事業機会として取り込めるか否かは会社次第であり、その対応力が決め手となる。決め手は、変化の察知スピードの速さ、打ち手の実行スピードの速さからなる。素早く実行するには、予め仮説を立て、対応策を準備しておくことだ。大事なことは、より精度の高い仮説が立てられるほどに、現場起点、顧客起点の情報収集がいかに早く正確にでき、それがマネジメントに報告される仕組みがあるかである。

ここでは、環境変化に適応し意思ある踊り場を設定した２つの事例を紹介する。

▼大手メーカーＮ社（戦略投資と戦略コストの実行）

環境変化に適応するため戦略コストを実行し、営業利益は過去最低になるも営業ＣＦ過去最高を実

戦略コストと戦略投資のレバレッジ効果【N社事例】

（単位：億円）

項目	2012/3	2013/3	2014/3	2015/3	2016/3	2017/3
売上	6,823	7,092	↗8,751	10,283	11,782	11,993
研究開発費	300	↗ 342	378	451	519	528
営業利益	730	↘ 176	↗ 850	1,109	1,245	1,403
営業 CF	567	↗1,102	872	918	1,476	1,298
投資 CF	△199	↗△1,338	△631	△812	△953	△2,114
フリー CF	368	△236	241	106	523	△816

現し、将来のための戦略投資を果敢に実行した事例である。これは、現在のお金の使い方が将来の成長（競争力）を決める、今投資しないと将来がないという考えである。

上表は、戦略投資・戦略コストを実行した前後のN社の主要な業績数値である。

業績の概況について、特記事項を以下に説明する。

・2013／3は、同期を含む過去8期間（同一会計基準）の中で、売上は2番目の高さだが、営業利益は最低。一方、営業CFと投資CFは、最高水準。

・営業利益の急落は、中核事業Aの需要急減に対応した生産調整・在庫適正化等の収益構造改革費用400億円の計上が主要因。

構造改革費用の内訳は、過剰在庫の評価減、固定資産のSLB関連損失などである。これが、翌期以降の利益増加のテコになった（SLB：セール・アンド・リースバック）。

・営業利益は最低水準なるも、研究開発費は、売上の5％程度の水準を維持。第2の中核事業Bの開発費を増加した（新製品及び新機種量産化の開発費）。

N社の事例の考察（まとめ）

将来のための戦略投資と戦略コストが持続的成長に導く

1. 過去最高の営業ＣＦを創出し過去最高の戦略投資を主に中核事業Ｂ、Ｃに実行
一方、下記②と③により営業利益は過去最低

2. 大幅な減収の中、中核事業Ｂの戦略製品の開発費（新製品及び新機種量産化）を大幅に増加させ（単体は営業赤字を選択）、翌期の連結売上・営業利益は大幅に増加

3. 既存の中核事業Ａの需要急落のため生産能力を３割削減、それに対応すべく生産設備の売却（SLB）により簿価を削減。これにより、翌期以降の固定費（償却費）を削減し、収益に寄与

・キャッシュフロー経営に基づくＣＣＣ（キャッシュ化速度）は、目標の60日を下回る最短日数を達成（59日）。具体的には、需要急減で売上でなく売上債権回収に注力し、営業ＣＦの大幅な拡大に寄与した。

・投資ＣＦの主なものは、戦略事業拡大（第2の中核事業Ｂの量産化）を主とした設備投資６１３億円、戦略事業投資（第3の中核事業Ｃに関するＭ＆Ａ投資）７９８億円。

・２０１４／3期以降は、中核事業Ａの持ち直しと、中核事業Ｂと中核事業Ｃへの戦略投資が功を奏して、以後は、毎期過去最高益を更新している。

まとめると次のようになる。

・収益構造改革を断行し、翌期以降レバレッジが効く資産構造とした。結果、営業利益は過去最低水準に。

・キャッシュフロー経営を徹底し、過去最高水準の営業ＣＦを実現した。

・営業ＣＦを原資にして今後の中核事業2つ（Ｂ、Ｃ）に成長戦略投資を行った（設備投資とＭ＆Ａ投資）。

・今後の中核事業のうち、ダイナミックな成長を目指す事業（B）については、量産化のための開発費と設備投資を高水準かつ同時並行で行った。

以上を通して言えることは、環境激変時は、

・変化適応経営として、戦略コストの実行によりあえて当期利益を捨てて、翌期以降将来の利益（戦略的収益）を獲得する会計マネジメントが有効である。

・長期的視点を持ち、キャッシュフロー獲得に注力し、将来成長のための戦略投資を実行することが、持続的成長につながる。

▼中堅精密メーカーP社

もう1つ、中堅精密メーカーP社の事例を紹介する。戦略受注を実行したことにより、以後ゆるやかではあるが持続的成長を実現した事例である。

2008年秋リーマンショックで過去に経験のない大幅な市況が悪化。このときP社は、売上の過半を超える主力事業の売上半減（在庫もほぼ半減）を選択した。さらに採算が悪化した斜陽事業から撤退し、減損を計上した。当然、大幅な営業赤字と当期純利益も赤字となったが、翌期は需要が回復し、売上・利益ともに回復し黒字に戻った。以後は様々な経営努力を行い、リーマンショック前の水準には達しないが、持続的成長を続けている。

なぜ売上半減を選択したか。

主力事業の製品の値崩れを防止するためである。一度値を下げたらそれが市場価格になるため、あえて売上半減にし営業赤字を選択したといわれる。翌期以降は需要が回復し、値下げせずに販売できている。仮に製品の価格を値下げし、一定の売上を確保していても、営業赤字の可能性があり、それ以降の価格は下落のままの販売となり将来収益は減少していたと推測される。

この事例で言えることは、

・売上半減という戦略的な受注により、あえて営業赤字を選択し、将来の安定利益に導いたことである。

２つの事例に共通なのは、環境激変時は、いっときの利益は捨てて、将来の利益を選択する戦略を実行することがいかに重要であるかを示唆する事例と言える。そして、環境激変時でなくとも環境変化が常態として起こる現代において、持続的成長を実現していくためには、次の2点が重要である。

・短期利益に拘ることなく、長期視点を堅持し、長期利益を最大化するための戦略・施策を実行すること

・環境変化時に思い切った構造転換を迅速に成し遂げる体制を構築しておくこと

具体的には、いくつかのシナリオを準備しておき、実際に該当するシナリオを実行する際には、意思決定と実行を素早くするための組織体制と的確に実行できる戦力人財の育成を常にしておくことである。

10 B／Sの本質的機能と資産マネジメント

これまでは、主に、P／Lに焦点を当て、持続的成長を実現するための利益マネジメントについて述べてきた。この項では、環境変化に適応し持続的成長を支援する観点から、B／Sの機能について述べてみたい。

B／S（貸借対照表）は、教科書的には、財政状態を表わすものと説明される。

本書のテーマは、持続的成長であるため、この観点でB／Sの本質機能を定義すると以下のようになる。

B／Sとは、翌期以降将来にわたって、売上・利益（P／L）を創出するための経営資源の集合体である。

この観点でみると、主要な資産は以下のような基本的要件が必要である。

・棚卸資産（在庫）は、売れる商品（利益が出る製品）で構成されていなくてはならない。
・売上債権は、回収できる額で評価されなければならない。
・固定資産（設備やのれん、ノウハウ等）は、将来にわたってキャッシュフローが獲得できる能力（保有能力）と価値を有していなければならない。

この点、前項のN社、P社の事例を振り返るとそのことがあてはまる。すなわち、N社の事例では、

持続的成長のベースとなるB/S構造

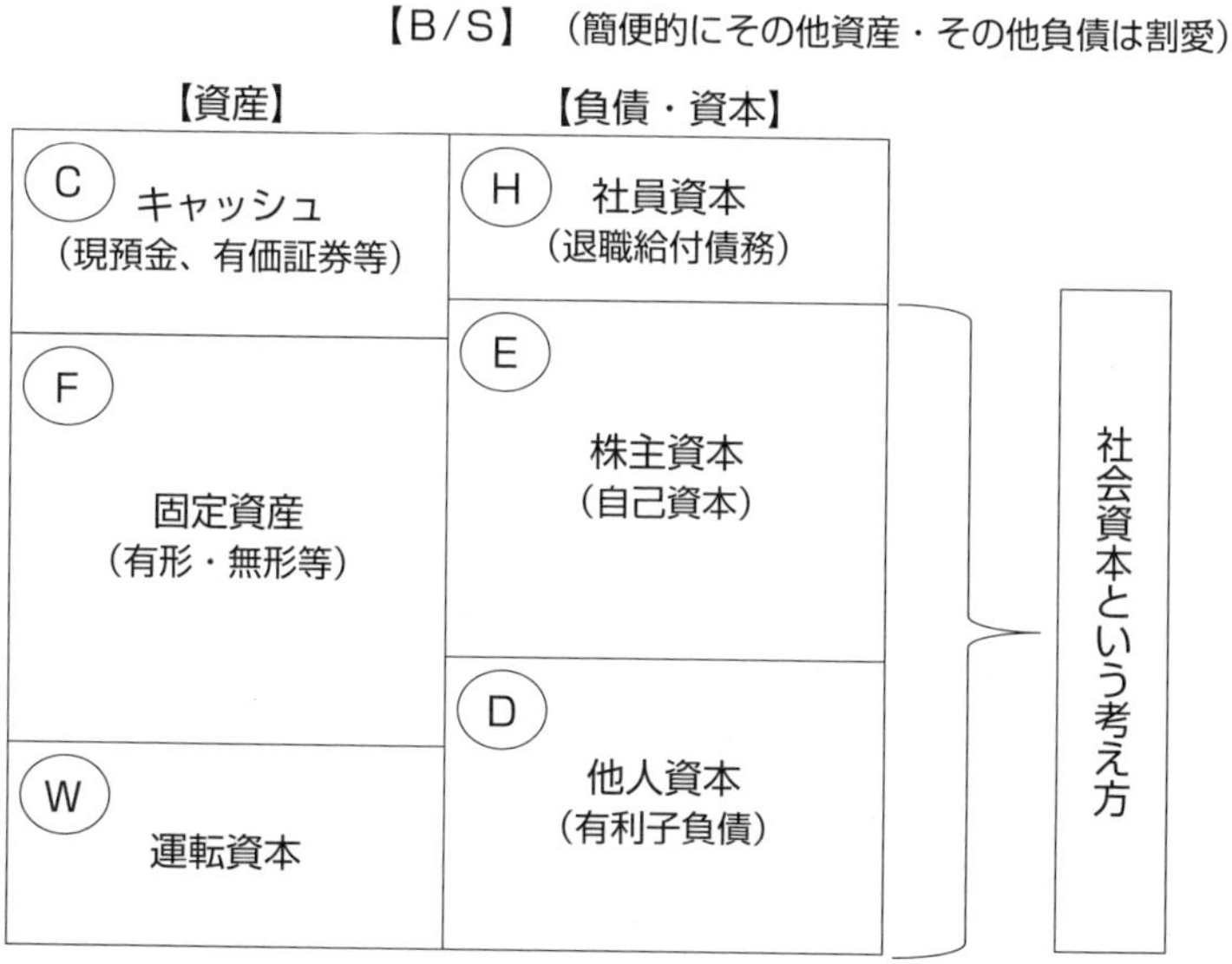

※運転資本＝棚卸資産＋売上債権－仕入債務

在庫を評価減し、かつ、固定資産についても需要に見合うよう生産能力を削減するため、セールスリースバック（SLB）により、簿価を削減させている。また、P社の事例でも、売上半減とともに在庫も約半減を指示し、利益が出せる製品在庫の水準にしたこと、また、斜陽事業については撤退し、固定資産の減損を行っている。

改めて、B／Sの構造を確認する。

環境変化に対応し持続的成長の基盤を作るためには、次の点が重要である。

①　固定資産のマネジメント

中長期の経営指標（売上・利益・C／F）を実現していくためには、今どのくらいの固定資産が必要であり、かつ、そのうち戦略投資はどのくらい必要かを検討し、B／Sの資産として保持することが必要である。現在の売上・利益水準は過去の投資の結果であるため、今どれだけの資源を投入しているかが将来のP／Lを左右するからである。

なお、固定資産はいったん投資すると変更（削減）はできないため、投資の意思決定が極めて重要となる（詳細は、第6章投資を参照）。

② 運転資本のマネジメント

運転資本については、その内容の適正化と回転日数（キャッシュ化速度）という2つのポイントがある。

i 運転資本の適正化

固定資産と比べ、運転資本は会社のオペレーション次第で調整が可能であり、また調整しなければならないものである。前項の事例のように、環境変化に対しては、適切に対応しなくてはならない。以下の点に留意が必要である。

・在庫については、環境変化に応じて適切な水準を維持することが必要である。つまり、市況が悪化（需要が減少）しているときに売上維持のために無理な受注・販売はしないことが重要である。もしそのような行動をとれば、製造や仕入の増加に応じて在庫が過剰となる。しかも需要に合わせた価格設定は値崩れを起こし、粗利益（率）が低下する。収益性が低下し、かつ廃棄リスクを抱える過剰在庫は持つべきではない。

・売上債権については、全額回収可能な状態を目指すことが必要である。売上維持のために無理な販売をすると、信用度が低い会社に販売することになり、不良債権が発生する。結果、貸倒れが発生する可能性があり回収可能額（キャッシュ）が減少してしまう。また、予算必達のプレッシャーが強いと不正を誘発するリスクがあるため、取引先の実在性や回収条件等には細心の注意が必要である。

ⅱ　運転資本の回転日数

運転資本の中身を適正化したあとは、その回転の速度がポイントとなる。運転資本の回転日数の改善（キャッシュ・コンバージョン・サイクルＣＣＣの向上）は、キャッシュを早期に生み出し、当期におけるキャッシュフロー獲得額が増えるため、次なる投資を効果的に進めることができる。

先に紹介したＮ社の事例では、運転資本回転日数を改善することにより営業ＣＦを増加させ、将来のための戦略投資の財源にした。このとき、ＫＰＩとして使用されていたのが、ＣＣＣ（キャッシュ・コンバージョン・サイクル、キャッシュ化速度ともいわれる）である。

ＣＣＣとは、製品の製造（商品の仕入）から、現金回収にかかる日数のことを言い、この日数が小さいほど、企業の現金回収サイクルが早いことを意味する。

以下が算定式である。

運転資本回転日数＝棚卸資産の回転日数＋売上債権の回転日数－仕入債務の回転日数

棚卸資産の回転日数＝棚卸資産残高÷（売上原価÷３６５日）

売上債権の回転日数＝売上債権残高÷（売上÷３６５日）

仕入債務の回転日数＝仕入債務残高÷（仕入÷365日）

N社が営業キャッシュフローの過去最大値を実現した時のCCCは、目標の60日以内を達成していた。CCCの事例で、話題となるのがアップルのCCCである。

通常は、CCCは、上記の通りプラスの値になるが、アップルはマイナスの数値になった年もあるほど、CCCの数値が小さい最たる企業である。マイナスということは、製造する前には代金の回収を終えていることになる。理由は、その圧倒的な商品力を武器に、通信会社などと販売代金を前受金で受け取る契約を結んでいるからである。代金の回収が早ければ早いほど研究開発にその資金が投入できることになり、それは製品の開発スピードを高めることにつながっている。CCCの短縮は、企業の成長力・競争力に直結している。

以上、資産（運転資本と固定資産）については、定期的（毎四半期決算ごと）かつ環境変化時には、十分点検を行い、翌期以降将来にわたって、売上・利益（P／L）を創出していける構成・内容となるよう適切にマネジメントしなければならない。

11 ▼環境変化適応経営

これまでは、環境変化時の利益マネジメント、会計マネジメントについてみてきた。この項では、マネジメントを実行する組織と人の視点で述べていく。

起こり得る変化を予想し、それに対するアクションプランを準備しそれを実行できる組織体制（統制のとれた迅速な実行体制）が準備できていなければ、変化がきていきなり対応できるものではない。

環境変化への適応は、変化発生時の対応が主であるが、長期視点も併せ持つことが重要である。長期視点とは長期トレンド予測である。経済、社会、技術等の動向や変化を分析し10年後、20年後のトレンドを予測することにより、成長につながる潜在的な機会を見出すことに役立つ。そして、その潜在的機会を自社の事業機会として取り込むには、今、現場で起こっている出来事から判断できる環境変化を十分に分析することが必要である。

すなわち、環境変化への適応力を向上し、成長につなげていくためには、現場情報を素早く把握し、かつ事前に予測している長期トレンドと組み合わせて総合的に分析することにより、環境変化の実態とそこから生ずる機会（予想される市場・顧客のニーズ等）を把握することが極めて重要となる。

ドラッカーは、環境の変化を事業上の機会に転換すること、そして、その機会に我が社の強みを適用することが、経営者（役員）が実践する重要な仕事である、と述べている。

ここで、現場情報の収集について１つ事例を紹介する。前項で紹介したが、V字回復を成し遂げ、持続的成長を果たしているN社の事例である。

N社では、世界にある２００社以上あるグループ企業の前線の営業員等から、毎週、社内で「週報」と呼ぶ市場メモを集め、市場の変化をつかんでいる。週報は、前線の営業員やメンテナンス部隊、開発技術者が、顧客やその取引先との付き合いの中で見聞きした市場の変化や顧客の動向（エンドに近い情報）を書いたものである。この市場の生の動きを書き込んだ週報が、毎週、世界中から経営者の元に届き、それに迅速に目を通した経営者から必要な指示が出される。「世界のいろんな市場の小さな動きまで、あらゆることに目を光らせている。だからこそ即座に方向を変える決断ができる。」（経営者）

これぞまさしく「環境変化適応経営」といえる。人の視点については、絶えず自分で考える習慣、自分で考えて臨機応変に迅速に実行できる力を身につけるための訓練を受けている人財の存在が欠かせない。考える力と実行のスピードを兼ね備えた人財を育成するのは役員の重要なミッションである。人財育成については、次章で詳しく述べることにする。

第3章の最後に、第2章で示したビジョン逆算経営をふまえながら、そこに戦略投資や未来費用、さらには、中期経営計画や経営目標の位置づけを反映させたものをとりまとめ左図に紹介する。

未来を起点にした経営行動が将来像（長期ビジョン）の実現につながる
（将来像実現とそのための持続的成長を果たすことが目的であり、特定年度の目標に縛られない）

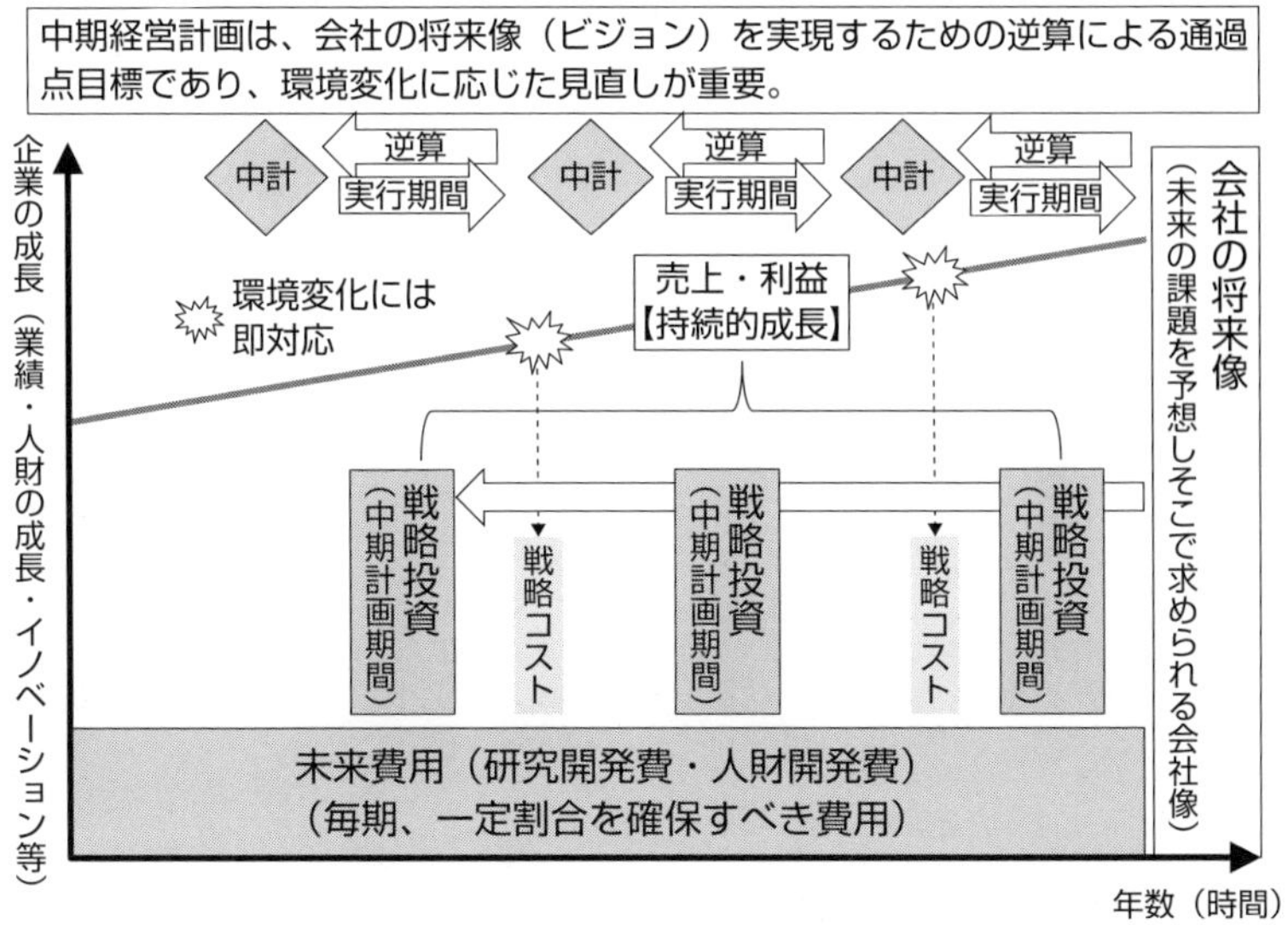

コラム

日本企業の経営基盤投資の考察

本章の8利益を時間軸でマネジメントする5つの費用で述べたように、研究開発費（未来費用）、設備投資、人件費は、経営の基盤となる投資であり、一定水準を確保すべきものであると述べた。

この3つの項目について、世界における日本企業の立ち位置をまとめたものが左表である。

この表を見る限り、日本企業の研究開発費、人件費、設備投資の水準は、欧米企業の中でも高い水準であり、中でも米国、イギリス、ドイツを上回っている。

一方、ROEや売上高当期純利益率においては、先進国（G7）の中では、過去10年以上にわたって最低水準となっている。上記との関係でいえば、3つの項目いずれについても、主要先進国よりもお金を投資していることが、表面的な利益率に直接的な影響を与えている（特に人件費については、米国やイギリスに比べ、労働分配率が、2～3%高くなっていることがあげられる）。

日本企業は、欧米企業と比べ、持続的低収益と指摘されているが、この実質的な要因としては、次の4点が考えられる。

ⅰ　先進国の中では、労働分配率が上位である一方、労働生産性においては、先進国の中では最下位となっている。

ⅱ　欧米に比べて経営者の在任期間が短く、真に長期的視点に立った戦略的投資やイノベーションへの投資が行われにくい。表では、研究開発投資の水準は1位であるが、第5章イノベーションで述べる

世界における日本企業の立ち位置（企業経営の基盤となる投資の視点）

	日　本	他国（主に先進国）の状況
研究開発投資対 GDP 比率（出典：NISTEP 科学技術指標 2015）	2位（2012 年から 2013 年） ※G7 先進国中1位	1位：韓国 3位：ドイツ 4位：米国 5位・6位：EU−15・EU−28 7位：イギリス
労働分配率（出典：労働政策研究・研修機構労働国際比較 2015）	4位(2012 年から 2014 年まで) ※G7先進国中3位	1位：フランス 2位：スウェーデン 3位：カナダ 5位・6位：ドイツ・イギリス（同レベル） 7位：米国
実質設備投資 / 実質 GDP 比率（先進国）（出典：IMF World EconomicOutlook2014）	1位（2012 年） ※G7先進国中1位	2位：米国 3位：ドイツ 4位：イギリス

先進国（G7）：アメリカ、イギリス、フランス、ドイツ、イタリア、日本、カナダ
※上記3つの比率いずれも、日本は、米国、イギリス、ドイツを上回っている。

ように短期的な研究開発の割合が大きいこと、さらに、研究開発費がどれだけ営業利益の獲得をもたらしたのかを示す研究開発効率も、先進国の中では最も低いことが示されている。

ⅲ　第3章2項で述べた対前年比増収増益に過度にこだわる経営の弊害も一部要因になっている。

ⅳ　長寿企業大国の日本的経営の代償という側面も考えられる。

つまり、三方よし、従業員の長期安定雇用重視、先義後利の精神（義を先にして利を後にする者は栄える）が経営の根底に流れていることがあげられる。先義後利は、顧客に対しては、時には採算を度外視してもいい仕事をして満足してもらえるいい製品を届ける姿勢に現れるが、これが、ⅰの労働生産性

の低さにも影響しているのではないだろうか。
やみくもに、労働生産性の低さだけに焦点を当てて議論することは、日本的経営の良さ（根底にある精神）を損なうことにもなりかねない。

長期的にＲＯＥの向上（※）を目指していくという考えは大事なことであるが、どのような思想をもって目指すのかが最も重要であり、日本的な経営をふまえた上で、各社なりの持続的成長ポリシー・企業の価値観に基づいて、目安とする水準を設定することが重要である。

※長期的にＲＯＥの向上を目指す上で、参考となる算式を紹介する。

ＲＯＥ＝ＲＯＩＣ×［１＋Ｄ／Ｅ］

この場合のＲＯＩＣの分子は、当期利益を用いている。

ＲＯＩＣは長期的持続的に向上すべき指標であるが、このＲＯＩＣに、Ｄ／Ｅ（有利子負債比率：自己資本に対する有利子負債の比率）の値が乗数の一部として加わることで、ＲＯＥの値が算出される。つまり、長期視点での設備投資（戦略投資）等を行うことは、一定の有利子負債を必要とするものであり、このことが、結果として長期的なＲＯＥの水準を高めることにつながるという意味である。

4

第4章

人財

序章で本書のテーマと全体像を述べたが、持続的成長のためのマネジメントプロセスの体系図に示したように、「人財」のテーマはすべてに関わる大元のテーマである。「企業」という漢字から、「人」という部位をとると事業が止まる。ゆえに、「企業は人なり」と言われる人財のテーマについて述べていく。

1 人の成長＝持続的成長という価値観

第1章で豊田社長の持続的成長の考え方を紹介した。それは商品である車作りとそれを行う人の成長であった。短期的あるいは中期的には各種施策により売上を向上させることはできるだろう。新製品が当たった、新設備がコスト競争力を高めたなどである。しかし、売れる新製品を継続的に開発していくのは人（開発部門の社員や、満たされていない顧客の欲求を突き止める営業部門の社員等）であり、設備の選択や日々のオペレーションを最適にするのも人である。

結局のところ、長期的な売上の成長や利益の成長は、人の成長を超えないのである。

人の成長 ＞ 長期的な売上・利益の成長

ならば、人を成長させていく重要なテーマについて以下で述べていきたい。

2 人の強みを活かして伸ばす

強みを活かして伸ばすことが人財育成、組織運営の大前提かつ最重要事項である。なぜ、強みを活かすことが最重要事項なのか２つの観点で説明したい。

１つは、それが人が持って生まれた使命であるということと、

２つ目が、強みを伸ばすことにより、生産性が向上し、業績向上にもつながるという実証結果が出ているということである。

(1) 強みを活かすことは、人の持って生まれた使命である

江戸時代の儒学者・思想家で、日本の経営学の祖とも言われる荻生徂徠は、次のように述べている。

（「荻生徂徠の経営学」より）

「人を用うるの道は、その長所をとりて、短所はかまわぬことなり。長所に短所はつきてならぬもの故、短所は知るに及ばず。

ただよく長所を用うれば天下に棄物なし。

徂徠訓

一、人の長所を初めより知らんと求むべからず。

人を用いて、初めて、長所の現はるるものなり。

二、人はその長所のみを取らば、即ち可なり。短所を知るを要せず。」

この荻生徂徠の名言を受け、元経団連会長土光敏夫氏は、次のように述べられている。(「経営の行動指針」より)

「この荻生徂徠の言葉は、まことに感銘深い。

完全な人は存在しない。どんな人にも長所短所が必ずある。そこに人生の妙味があるはずである。ところが、人が人を見る場合、とかく長所は見たがらず、短所を見たがる。職場でも五十歩百歩である。短所をあげつらう、減点主義が横行している。こんなマイナス評価は、人の心を腐蝕するばかりだ。

私は徂徠説をよしとするものだ。どんな人にも必ず一つぐらいは長所がある。その長所を活用するのだ。長所をどんどん伸ばしてゆくと、短所はだんだん陰をひそめてゆくものなのだ。

チームワークといわれるものも、各人の長所をうまく組み合わせることにほかならない。一人ひとりの長所が異質的であるほど、チームワークの相乗効果は大きい。」

さらに、船井幸雄氏も、次のように語られている。(「長所伸展の法則」より)

「人はみな、「自分の使命」を果たすために、必ず何かの長所を持ってこの世に生まれてきます。長所を生かして生きていくのが、自分の使命を果たすための正しい生き方です。逆に欠点を矯正して無理にでもできるようにしなければならない仕事など、この世に存在しません。そんな仕事はその人の任ではなく、ましてや使命ではないのですから、やってはいけないのです。やれば必ず失敗します。

この使命というのは誰でも持って生まれてくるものです。自分の使命を知り、使命感を持ってその使命を果たすべく日々努力する生き方が、すなわち長所伸展法の実践ということになります。」


長所を伸ばせば短所が陰をひそめる。このことは、会計的に考えても道理にかなっている。つまり、短所を矯正することに上司や本人等関係者が労力を注ぐよりも、本人が長所を伸ばした方が明らかにコストパフォーマンスは高い。なぜなら、上司は基本応援し見守るだけでよいのである。

ならば、上司は、部下の強みを把握すること、及び各人の強みをもとに適材適所を実現し組織運営をすることが最も重要な役割といえる。なお、強みを活かせる業務に従事できているか否かについて、定期的に確認をすることが必要である。

(2)　強みを伸ばすことにより、生産性が向上し、業績向上にもつながる（米ギャラップ社の従業員エンゲージメント調査より）

ギャラップ社が、45か国で４９、４９５のビジネスユニットを調査したところ、強みを基盤とするワークグループは、売上高と利益の増加を見たという調査結果がある（ギャラップ社ビジネスジャーナル２０１６年9月22日より）。

ギャラップ社のＣＥＯは次のように述べている。

「上司と部下が一緒になってどう結果を出すか、部下をどうやって成長させていくかを考えることが上司の仕事になる。それには、部下の強みが何かを上司が理解することだ。これまでは、弱みを改善することに集中するのが上司の仕事だったが、得意でないことが強みに変わることはない。

強みを伸ばすことに注力したことで、米国では、熱意あふれる社員の割合が高まり生産性も上がった。強みを伸ばし熱意ある社員を増やせば業績向上につながることは証明されている」（日本経済新聞２０１７年5月26日付インタビュー記事より）

結局、本質的なこと、原理原則は、古今東西、変わることなく同じであるということである。

3 役員が人財育成に投資する時間と費用（人財育成投資）

人の強みを活かし、社員を持続的に成長させていくために、役員はどれほどのエネルギーと時間を使うことが必要であろうか。まずは、ＧＥ社の事例を紹介する。

退任したイメルト元会長は、仕事の30％を幹部候補の育成に充てていたと言われている。クロントンビルの研修所での体系的な研修プログラムによるリーダー人財の育成は他社の模範となっている。また、エマソン・エレクトリック社では、ハイポテンシャル人財には、経営陣が直接研修を行い、エマソンの企業文化を伝授している。幹部は、社内研修や会議で世界各地を飛び回り、執務時間の80％を費やしているという。

ちなみに、ＧＥでは自社の幹部を育成するために年間で10億ドル超の金額を費やしており、売上の約１％に当たる。第３章で未来費用（人財開発費と研究開発費）の重要性を取り上げたが、この投資金額をみれば、人財育成を会社の未来のための投資として位置づけて取り組んでいることがうかがえる。大事なことは、ＧＥのケースが、特殊ケースだと考えてしまうのか、そうでなく自社にあてはめて真摯に検討し、未来のため投資として決断できるかどうかである。どちらを選ぶかで、持続的成長の成否が分かれるのである。

ＧＥトップの人財育成の業務ウェイトの話に戻れば、役員報酬の約１／３は人財育成に費やされていると考えられる。役員の基本的なミッションが、「使命感・価値観の浸透」、「経営目標と戦略策定・実行」、「人財育成」の３つと考えるならば、１／３という数値に違和感はない。もちろん、これは１つの考え方であって、各役員の担当業務等によって人財育成の業務ウェイトは異なるだろうが、自らの報酬の中の一定割合が、人財育成投資という認識・感覚を持つことは極めて重要である。

そして、役員のもとで実際の社員の指導・育成にあたる上司のリーダーシップも同様に重要である。日常の人財育成は、上司のリーダーシップ如何によって決まるといっても過言ではない。管理職に対するリーダーシップ研修も極めて重要である。

筆者の経験則でいうと、「認める」「任せる」「考えさせる」「褒める＆叱る」といった基本的なことを実践している管理職は、部下を成長させて部門の成果をあげている。

4 従業員の成長を判断する尺度

ところで、これだけの人財育成費用をかけて、社員がどの程度成長したのかを判断できる尺度は必要ではないだろうか。成長しているのではないかという感覚ではわかっていても、うちの会社の社員はこれだけ成長したのだと実感できる共通の尺度があれば、今後の人財育成に有効である。

それにはどうしたらよいか。定量的な側面と定性的な側面の両面から判断することである。定量的な側面としては、人事考課結果（平均値）が昨年よりも上昇したこと等であり、定性的な側面としては、人事考課会議での検討過程において大多数の考課者が実際の仕事の場面を思い返すと確かに成長したと実感できること等が考えられる。例えば、こういう仕事で強みを活用した結果、このような成果が得られた等の実感である。なお、考課項目は各社の方針で決められるが、考える力、自主性・自律性、行動の的確性・迅速性、変化対応力といった項目は、成長のために基本的かつ本質的なものである。原点に戻り、社員の成長を実現するという大元の目的に適う考課項目になっているかは、ピュアレビューが必要であろう。

また、持続的成長という観点でみると、それを実現するための組織体制・人事考課制度が重要である。例えば、営業部門の中に研究開発部門と連携した長期戦略営業チームの組成する場合があるが、これには通常の営業社員とは異なる評価基準が必要である。売上や提案件数でなく、戦略的な提案先の獲得、新製品の認知度の向上等である。

最後に、成果で捉えた成長の尺度について述べる。上記の基本的かつ本質的な力が伸びると、その結果として、労働生産性が向上すると考えられる。時系列でみて生産性が向上しているという成果は、従業員が着実に成長している証といえるだろう。さらにもう１つ、創造性の発揮も成果として考えられる。後述するが、創造性の発揮は人間の根源的な欲求に基づくものであり、その欲求に応える環境整備（例：３Ｍの15％カルチャー）が重要となる。創造性の発揮は、最終的にはイノベーションの実現を目指すものであるため、具体的な成果としては、新たな研究テーマを見出したこと、新しいサービスの企画を作ったこと等が考えられる。

5 従業員満足と開かれた社風が不正防止に導く（性悪説から性善説への回帰）

欧米流の内部統制報告制度が導入されてから久しいが、そもそも制度の前提としては性悪説がある。ただ日本の文化、日本人の性質から考えるとすべての場面で性悪説が成り立つかといえばそうではない。むしろ、心の中では性善説を唱えているのではないだろうか。そもそも従業員不正が起こる背景には、よほど悪質なものを除き、会社へのロイヤリティの低下、会社への不満・不信感等が影響していると思われる。また不信感を助長するものとして過度に厳しいルールや融通の利かない取り扱いの存在も否定できない。

人間の心理として信頼されて任されればそれに応えようとするものである。期待されればされるほ

従業員満足（会社へのロイヤリティ）が不正の抑止力になる

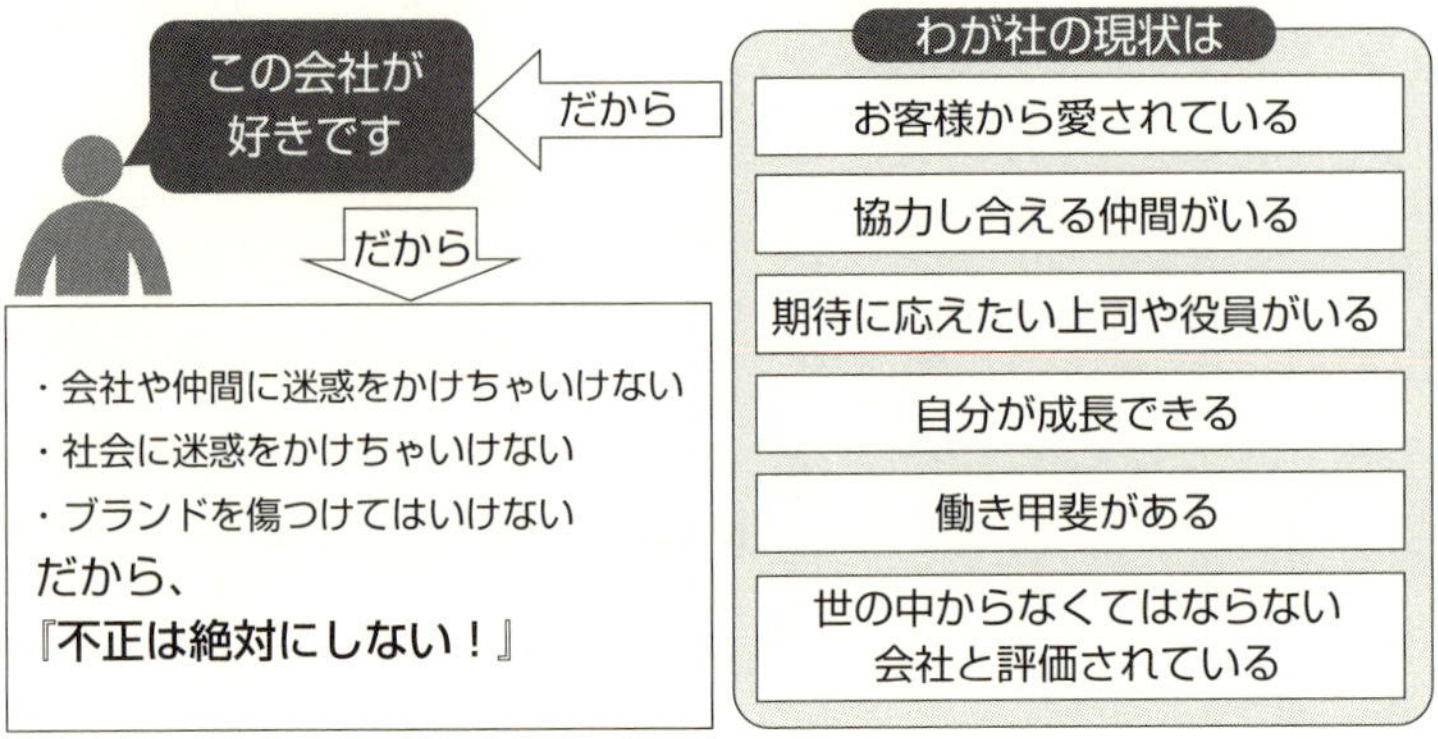

どそれに応えようとするものである。

コンプライアンス制度の充実を否定するものではないが、それだけでは不正を防ぐことはできない。根本的に従業員の満足を実現し向上させれば、会社や社会に迷惑をかけることになる不正に手を染めることはしないはずである。従業員満足は、不正に対して極めて強い抑止力になるのである。

もう1つ忘れてはならない大事なことは、開かれた社風である。第1章の松下幸之助氏の成功する企業の条件を記載したが、その2番目に掲げられているのが社風である。社風の良し悪しを論ずる上で、端的な例は、問題発生時の対応の姿勢（ポリシー）である。まず問題を起こした人を責めるのか、それとも問題を引き起こした原因に迫るのか、大きな違いである。頭ごなしに人を責めるのはよくない。反省し改善を考えていた従業員は、はなから信頼されていないと感じれば、まともに言わなくなり、最悪は、次から問題を隠すようになってしまう。隠蔽は不正の始まりである。

よって、原因追求の姿勢を貫き、従業員と一緒に問題解決を行うことが極めて重要である。

責任追及でなく原因追求

6 人財の多様性は強みである

「差」ではなく「ちがい（独自性）」を重視することが重要である。

人に「ちがい」はあっても「差」はないという価値観・風土を醸成することが重要である。役職、仕事の種類・内容、報酬などで「差」を認識する必要はなく、人それぞれが持つ「ちがい」（特徴や長所で独自の強みになり得るもの）を最大限に活かしてそれを伸ばすことが重要である。

多様性の意義は、２つ考えられる。１つ目は、「ちがい」を受け入れ、それをうまく組み合わせて組織の力に変えることができること、２つ目は、「ちがい」を尊重し、社員が主役の経営を目指すことである。

１つ目について、「ちがい」の組み合わせにあたっては、ある人の不得意なところは、それを得意な人がカバーし、上手く役割分担をすることが大事である。基本的に、人はその長所や強みを活かすことに専念できるようなキャリアパスや業務分担を設計すること、すなわち、適材適所を実現することが組織運営の肝となる。

２つ目について、「ちがい」を尊重することは、その人がやりたいことをやりたいようにすることを支援することである。米国のＷ・Ｌ・ゴア社では、どんな仕事をするかは社員本人が自分で決めることとしている。上司が業務内容を指示するよりも、何をやりたいか、どの分野で最大の貢献ができるかを、本人に決めたもらった方が遥かに効果的であるという考え方に基づくものである。多様性を重視する経営とは、階層と無縁の組織マネジメントであり、社員が主役の経営と言える。

7 ▼生産性を向上させるカギ

働き方改革の目的は、生産性の向上と創造性の発揮である。

ここでは、生産性を「従業員1人当たりの付加価値」でなく「従業員が働いた1時間当たりの付加価値」と定義する。その理由は、少子高齢化で人手不足が続く状況下において、「従業員1人当たりの付加価値」が生産性の指標の場合、少ない人数で利益を伸ばせば生産性は向上するが、一方で残業は多くなる傾向にある。働き方改革においては長時間労働を是正（削減）する必要があるため、「従業員が働いた1時間当たりの付加価値」を生産性の指標として生産性を向上することが、残業を減らすことにつながる。

ちなみに、公益財団法人日本生産性本部の発表資料「労働生産性の国際比較２０１６年版」によれば、２０１５年の日本の時間当たり生産性は、先進7か国（G７）の中では最低となっている（G７で1位の米国に比べると日本は61・３％）。

この理由として考えられるのは、日本のイメージとなっている高品質・高サービスを御旗に掲げ、それを長時間労働で対応してきたことがあげられる。高品質・高サービスは過当競争を招き、結果として価格に反映できない過剰品質・過剰サービスを生み出した。大手物流会社を中心に、これらに対する是正の動きが広がっている。つまり、過剰サービスの廃止、価格の値上げ、長時間労働の削減と従業員の雇用の拡大、効率化のためのインフラ・システム投資等である。

生産性向上のためには、今後、下記の施策が重要となる。

i　過剰サービス・過剰品質を見直し可能な限り廃止する

ii　サービスに対する正当な対価であることを顧客に説明し理解を求め、可能な限り価格に反映する。

iii　現状の業務を棚卸し、無駄な作業（無駄な会議や打ち合わせ含む）は廃止し、また、特定部門での繁忙期作業（採用活動等）は、全社的対応方針のもと他部門の協力により平準化する。

iv　既存の事業を点検・評価し、不採算な事業（結果的に経営資源が余計に使われている）は廃止を検討する。

v　これらを通じて、今まで以上に、組織的・日常的に従業員満足度の向上（やる気の向上）に努める。

上記の点について補足をすると、iについては、顧客志向（先義後利の精神）が重要であるということには変わりないが、従業員のことを考え顧客満足の実現の仕方を見直していこうということである。顧客満足の前に従業員満足である。

iiについても従業員のモチベーションを維持するために必要である。

iii、ivについては、短期的には重要な仕事に、中長期的には得意分野、強みがあるところに、最も

マズローの欲求段階説（モチベーション理論）

5番目「自己実現の欲求」は、イノベーションの源
⇒3Mは 15%カルチャーを導入している

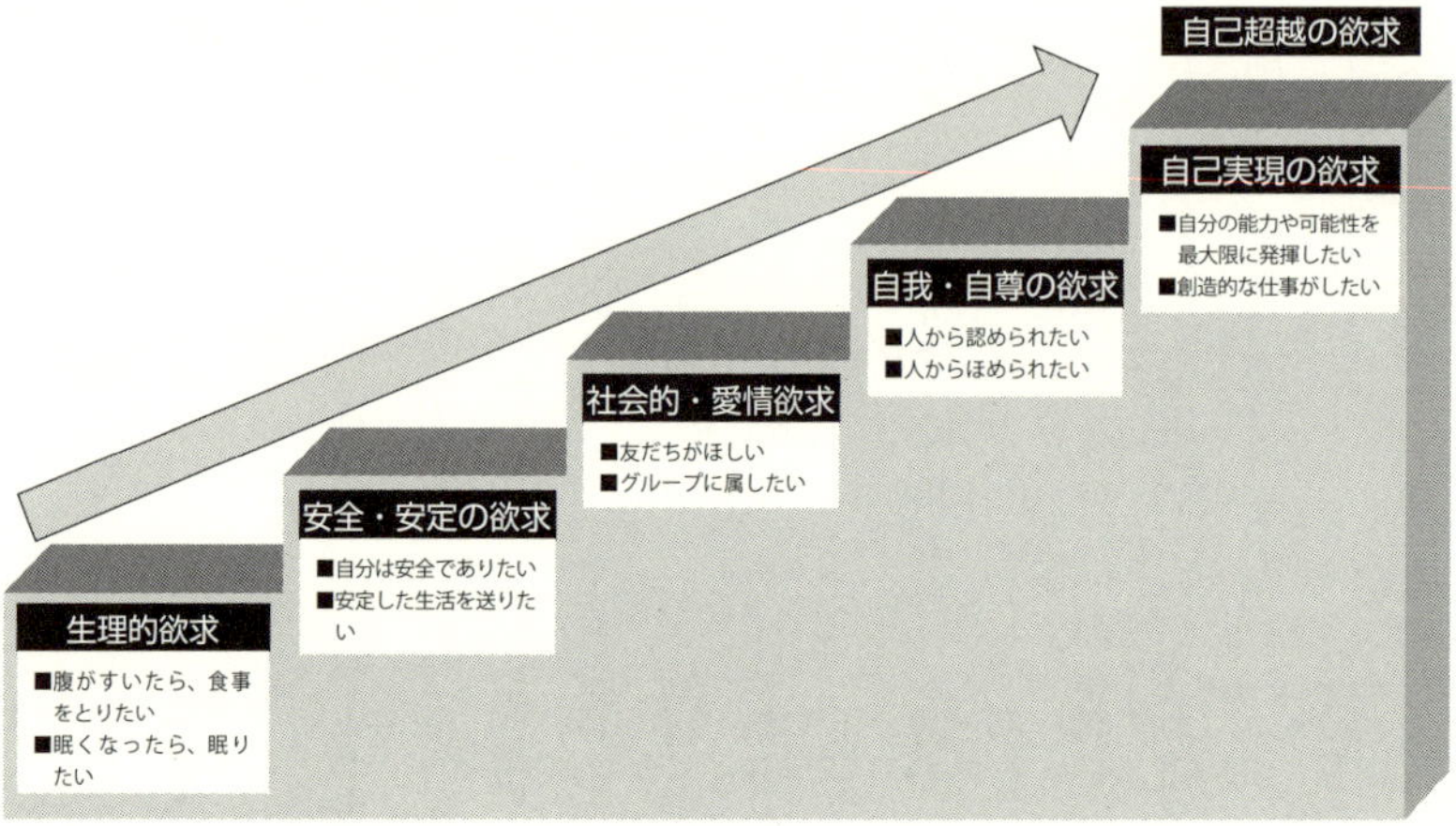

重要な経営資源である人と時間を集中していく必要性が増していくと思われる。

vについて、従業員満足度の向上は、やる気を高め、生産性を向上するばかりではなく、定着率の向上にも寄与すると考えられる。定着率が向上すれば、退職者の減少・人手不足の解消に貢献し、結果として、長時間労働の削減につながると考えられる。

働き方改革のもう1つの目的である創造性の発揮は、それが、価値ある新たなサービスや製品、新たなプロセスや工法を開発すること、つまりイノベーションの実現につながることに意味がある。そしてその過程で、従業員が創意工夫をすることが、抜本的な業務改革を実現し、生産性向上につながるという視点も重要である。

したがって、働き方改革を推進していくためには、生産性（1時間当たりの付加価値）の指標だけでなく、従業員の自己実現、創造性の発

揮を支援するカルチャーと指標が重要である（指標の例、３Ｍの15％カルチャー）。

　従業員の自己実現、創造性の発揮については、参考までに、マズローの欲求段階説を紹介しておく（右図）。創造性発揮の源泉となる自己実現の欲求は、５番目の欲求である。

　この図でもう１つ補足をしておきたのが、自我・自尊欲求である。人は誰でも認められたい・褒められたいと思うのは、人情である。ゆえに上司は、部下のやる気を高めるために、部下の特性に合わせたリーダーシップ・コミュニケーションを日常的に発揮することがポイントである。やる気の向上（従業員満足度の向上）は、確実に生産性向上につながるからである。ちなみに、マズローが晩年に発表した６番目の自己超越の欲求は、自己を社会的な存在として捉え、世のため人のため役に立ちたいという使命感を意識させるものである。よって、自己実現の欲求についても、使命感との関わりにおいて認識されるべきものといえる。

　元に戻ると、働き改革はつまるところ、ある意味時間に追われてきた従業員の本当の意味での成長・自己実現を目指すためのものであると思われる。その際、忘れてはならないのが、多様性の尊重、従業員１人ひとりの価値観を認めることである。場合によっては、価値観が違うということで、会社を離れることになるかもしれない。優秀な社員ほどそのような事例をみることがある。しかし、そうなる前に、価値観を認めて受け入れる人事制度、誰もが輝けるキャリアパスを用意することが極めて重要である。

　働き方改革を通じて成し遂げるべきことの１つとして忘れてはならないのは、多様性を実現する人事制度であると考える。

さて、ここで働き方改革に関連する本質的なテーマを取り上げたい。

「高品質・高サービス」は、高度経済成長期においては基本戦略として妥当であったと言えるが、成熟期に入り、経済がグローバル化し、顧客の価値観も多様化した時代においては、どうだろうか。最高の技術であってもそれが活躍できる市場を創造できなければ、価値がない。最高を目指す時代から、独自性を目指す時代に移行してきたことを改めて認識すべきである。

マイケル・ポーター教授は言う

「すべての競合企業が最高を目指す競争をすれば、誰も勝てないゼロサム競争と化す」

最高ではなく、独自性を追求する。

つまり、従業員の渾身的な労働時間に支えられてきた成長はいずれ終わりを遂げ、どれだけ成し遂げたかという量よりも何を成し遂げたかという質（独自価値）の時代に入ってくる。この独自価値には、社会的課題の解決に対してその会社固有の貢献の仕方も含まれるであろう。これはまさしく企業の価値観にもつながることで、量を超えた次元での独自の質への転換という価値観が求められている。

8 ▼従業員満足と従業員への分配（人財が集まる企業へ！）

前項の流れから、ここでは従業員満足と従業員への分配について述べてみたい。

顧客サービスを優先し顧客満足を実現することは間違いではない。ただ、その結果、顧客にサービスを提供する従業員が不幸になることは絶対に避けなければならない。顧客満足の前に従業員満足。顧客を満足させようとする従業員が満足していない限り、顧客を満足させることはできないのである。結局、いきつくところは、会社は誰のためにあるのか、従業員満足とは何かという本質的なことである。

第1章で紹介した伊那食品工業の塚越会長は次のように述べられている。

「会社は社員の幸せのためにある」

ここで、従業員満足を実現する報酬観について、考えてみたい。
報酬には3つの報酬があると考えるのが自然である。

◆お金の報酬
◆心の報酬
◆仕事の報酬（成長という報酬）

お金の報酬は、言うまでもないが、一定の水準は必要であろう。心の報酬は、先ほど紹介したマズローの4番目の欲求（自我・自尊欲求）で示したように、認める・褒めるといったことが仕事の動機づけとなる。ここでフレデリック・ハーズバークの仕事の動機づけ・衛生理論を確認する。

人間には2種類の欲求があり、心理的に成長しようとする人間的欲求と、苦痛を避けようとする動物的な欲求という別々の欲求があるとしている。前者は、仕事へのやる気を増大させる動機づけ要因（満足要因）とされ、次の5点が満足度向上につながると言われている。

i　やりがいのある仕事を通して達成感を味わえること（達成感）
ii　達成した結果を上司や同僚に認められること（承認・称賛）
iii　仕事の中に自己の知識や能力を活かせること（仕事そのもの）
iv　責任をもって仕事を任されること（責任）
v　仕事を通して能力を向上させ、人間的に成長できること（成長）

心の報酬は、i達成感であり、ii承認・称賛である。仕事の報酬は、iii仕事そのもの、iv責任である。そして仕事を通じた成長という報酬が、v成長である。

企業の成長は、人の成長であるので、成長＝報酬という意識をもって、組織運営と人財育成をすることが重要である。

仕事の報酬については、偉大な経営者語録を紹介しておきたい。

経営者	メッセージ	語録
松下幸之助氏	“好きこそものの上手なれ”	**「好きこそものの上手なれ」**という言葉がありますが、人に仕事を任せるという場合、原則としては、**こういう仕事をやりたいと思っている人にその仕事を任せる**、ということがいいのではないかと思います。そういうようにもっていったほうが、やはり**結果がいい場合が多い**ような気がします。（「経営のコツここなりと気づいた価値は百万両」より）

本田宗一郎氏	〝やりたいことをやれ〟	人は給料でばかり働くのか。人間、**給料でばかり働くと思ったら大間違いですね**。やはり意気に感じるというところがある（中略）だから私は給料で働いていると思ってる人は気の毒だな。人間、気のもんだといいたい。そういうものが積もり積もって、いろんな問題を解決していくんじゃないかな。 人生は「得手に帆あげて」生きるのが最上だと信じている。だから今でも機会があると、若い人に**得意な分野で働け**といっている（中略）そのためには一刻も早く**自分の得手なものを発見しなくてはいけない**。（「やりたいことをやれ」より）
土光敏夫氏	〝仕事の報酬は仕事〟	賃金と仕事のかかわりあいについては、いろいろな立場からのさまざまな議論があろう。けれどもそれらを超えていえることは、**人間の喜びは金だけからは買えないという一事である**。賃金は不満を減らすことはできる。しかし満足を増やすことはできない、満足を増やすことのできるのは、仕事そのものだといわねばならない。仕事の報酬が仕事であるような仕事をつくりだしてゆくのは、容易なことではない。そんな仕事は数多くは存在しないという反論もあろう。しかしそれはまちがった考え方だ。どんな仕事であろうと、それが**自発的主体的に行動できるような仕組みになってくれば、人々はそこから働きがいを感ずるようになるのだ**。仕事の種類や程度よりも、仕事のやりかたが問題にされねばならない。（「経営の行動指針」より）

※松下幸之助氏の「好きこそものの上手なれ」の好きなこと・やりたいことは、強みを形成する根源であり、本田宗一郎氏も、得意分野・自分の得手、つまり強みを活かすことの重要性を強調している。

ここまでの解説をふまえ、改めて従業員視点で、労働生産性を向上するポイントを以下の図で整理しておきたい。

従業員の視点で労働生産性を向上するポイント

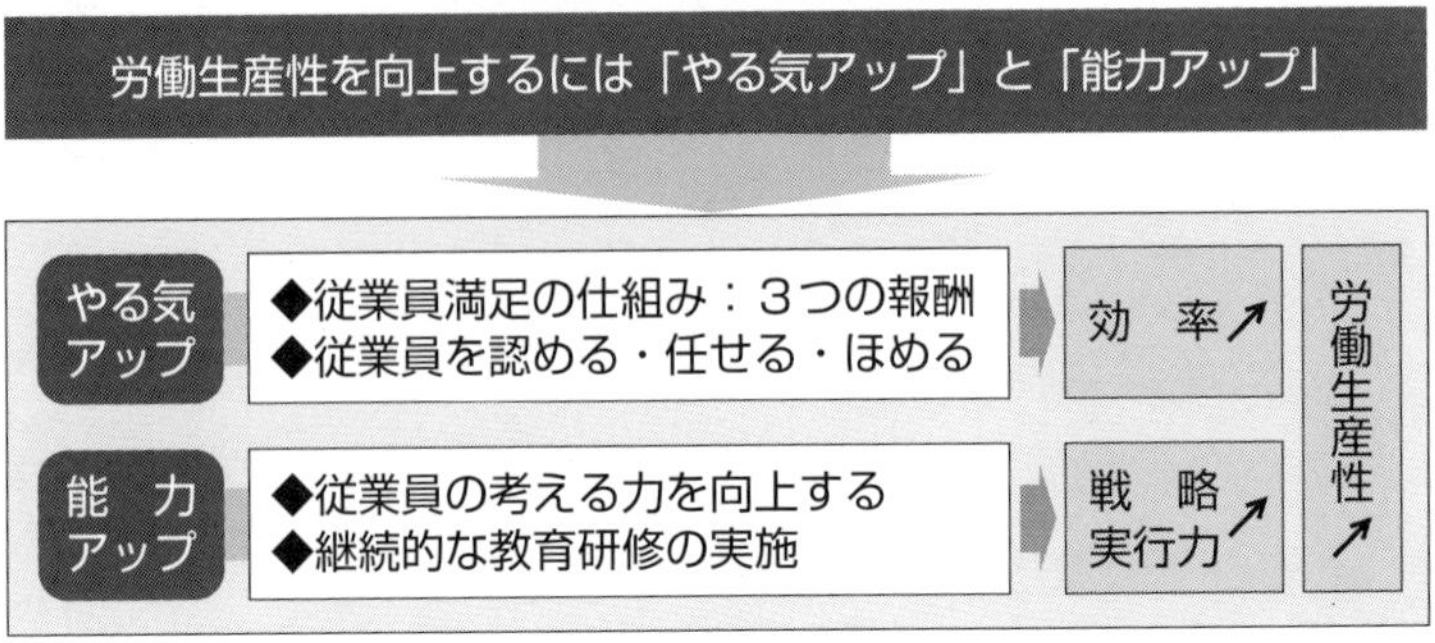

本章の最後として、従業員の分配について述べる。

従来より付加価値の分配として、労働分配率の水準が議論されている。日本の上場企業の労働分配率は、この5年間低下していると言われている。株主への利益分配が厚みを増し、配当性向の向上が議論されている中で、逆の動きである。働き方改革による長時間労働削減により、労働分配率がさらに下がることが懸念されている。長時間労働のうち現状常態的に発生している残業は、ある意味、生活給の一部にもなっているため、残業ゼロを目指している大手企業の中には、賞与により年収維持を約束している企業もある。もちろん、社員の側にも業務効率化のための改善活動、働いた時間よりも成し遂げた成果（生産性の向上）をより意識して行動していくことが求められる。大事なことは、会社と従業員がお互いに前に進みながら協力し合う関係をより一層築き上げることではないだろうか。

このような中、今後は、労働分配率を単なる財務分析指標とせずに、経営指標に設定していくことが必要と思われる。つまり、人件費を単なる費用ではなく人財投資として明確に位置づけ、分配政策の中で自社の価値観に基づく一定の水準を追求していくこ

ステークホルダーのニーズに配慮した経営指標（再掲）

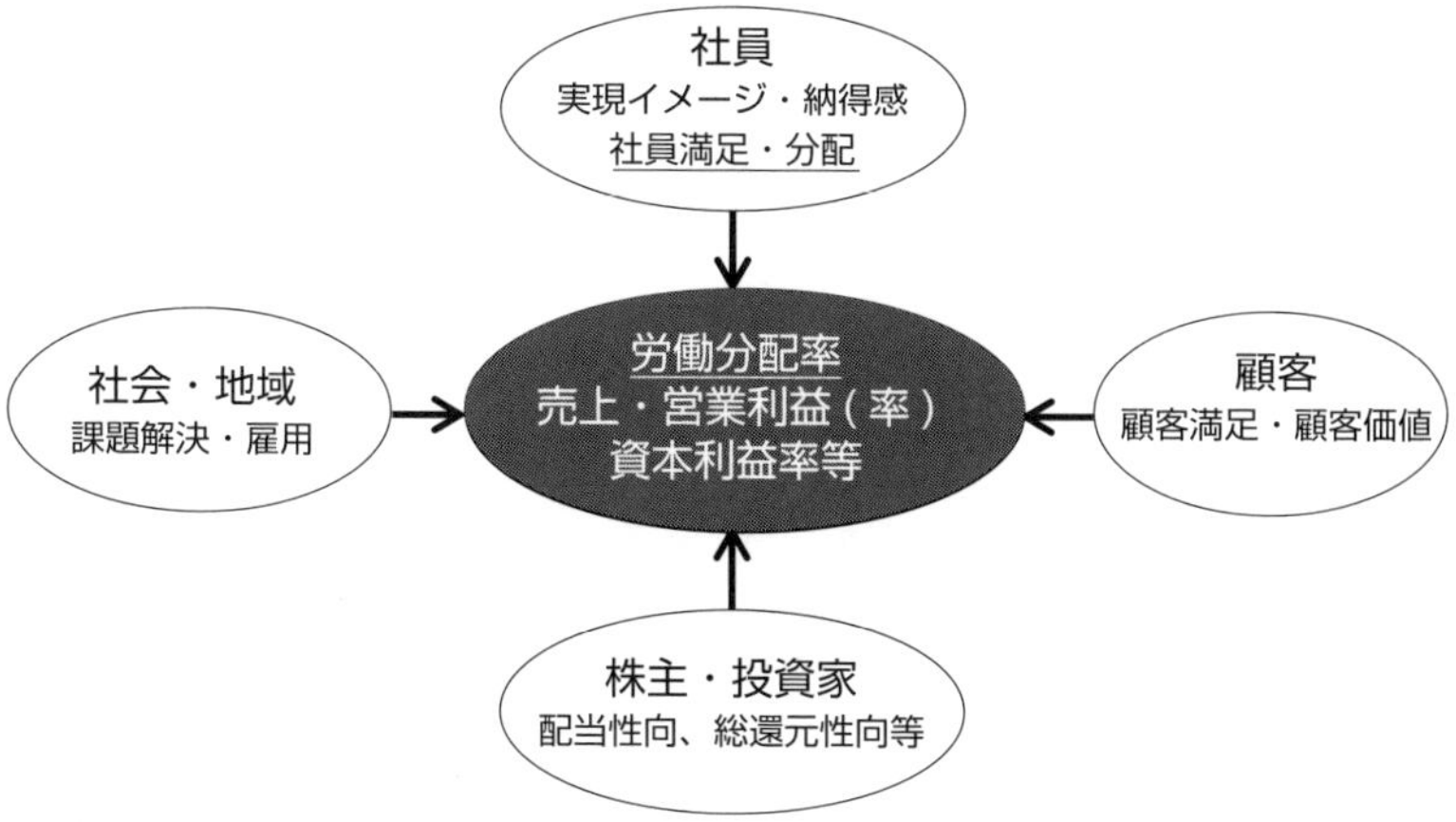

とが重要である。勇気をもってその覚悟を示すことが、人財から選ばれる企業になるであろう。

コラム

コハダの唯一輝ける場所を創りだした伝説の寿司職人

ＮＨＫスペシャル「和食　ふたりの神様　最後の約束」で放映された話である。

世界最高齢、10年連続「三つ星」を獲得する日本一のすし職人・小野二郎さん（91）。天ぷらの世界に君臨する伝説の職人・早乙女哲哉さん（70）。和食の頂点を極めた達人同士にしか見えない〝極限の世界〟と、誰も知らない〝約束〟、そして2人の隠された物語に迫るという内容である（番組紹介ホームページより）。

以下は、番組の最後に二郎さんが語られた言葉である。

「夢は、仕事をしていて、ぱたんと倒れて死にたい」

「最後は、コハダでしょうな」

「一番おいしい、一番寿司に合う材料」

「生でも食べられない、焼いても食べられない、煮ても食べられない」

「一番うまいのは、酢にして握って食べるのが一番うまい」

「生まれ変わったら何になりたい、やっぱり寿司屋になりたい」

ちなみに、早乙女さんは、コハダを握っている二郎さんのことをこんなふうに話された。

「その魚の本来持っている力を最大限に引き出すまで仕掛けて仕掛けて、下がらない、上げるだけ」

なぜ、このお話を紹介したかといえば、人も魚もその長所・強みを最大限に引き出すのが使命であり、もっとも大切なことであるということである。

この仕事をやらせたら一番、○○さんしかいないという人財はいるはずであり、また、この素材、この技術は、こういう用途で使うと、一番、世の中の役に立つというものがあるはずである。

キラリと光る潜在能力を埋もらせてはいけない。

誰でも輝ける道を用意しなくてはいけないのである。

5

第5章

イノベーション

第4章7項の働き方改革においては、原点に戻り、人間の根源的欲求である自己実現欲、創造的な仕事がしたいという欲求を活かすことが重要であると述べた。これはとりもなおさす、イノベーションの重要性を改めて認識することに他ならない。

イノベーションは、持続的成長のためには欠かせないものであり、組織の活性化・新陳代謝のためにも必要である。これまでの各章においてもイノベーションについては部分的に取り上げたが、ここでは会計的な視点も交えて述べていきたい。

1 強みを活かすことがイノベーションにつながる

これまで何度か紹介してきた伊那食品工業は、自社を開発型研究企業と称し、寒天のみではなく総合ゲル化剤メーカーへと成長している。寒天の有効成分を活かし、バイオ、ファインケミカル等の様々な用途開発を行っているが、研究開発のポリシーとして次の2点を示している。

- 採算の問題ではなく、夢のある開発が当社の原動力であること
- 寒天の長所を伸ばした製品開発

夢のある開発が原動力であるという点は、イノベーション実践企業の特徴であり、長所（強み）を伸ばすという発想も重要である。第2章事業領域で、事業領域は、強みを活かしたものでなければならないと述べたが、イノベーションを実現する上でも強みを活かすことが核になることを強調してお

きたい。

そもそも伊那食品工業は、なぜ、48年も増収増益が実現できたか。これは自然体の意図せざる結果であるが、もともと長期視点を貫き、将来の種まきである研究開発を重視して継続し、かつ、技術や製品の特長・強みを伸ばす開発をしていたからである。これは、人づくりと同様で、人の長所・強みを伸ばすのが正しい育成・成長のあり方であり、製品も同様にその長所・強みをいかに伸ばすかがイノベーションの実現につながるのである。

2 「すてる」ことがイノベーションのきっかけになる

第2章の基本戦略でスティーブ・ジョブズのポリシーを紹介した。ここでは、改めて、当時の事例を紹介しながらイノベーションについて考えてみたい。iMacやiPhone等の革新的な製品（i冠製品）を次々と開発できたきっかけは何であっただろうか。それは膨大な種類の製品を捨てたことが始まりであった。

改めて、「すてる」ことの意義を述べる。

アップルの事例は、トレードオフである。つまり、拡大路線・多数の製品品ぞろえを捨て、本当に革新的な製品に集中したことである。捨てなければ革新は得られないとも言える。

イノベーション事例（スティーブ・ジョブズ　アップル）

製品数の大削減で、iPhone の誕生へ

膨大な数の製品が乱立	→	製品数を大削減し 革新製品を開発
◆ジョブズ追放後、アップルは拡大路線をとる ◆商品開発の方向性が定まらず、膨大な数の製品が乱立する状況に陥る ◆顧客は何を選んだらいいかわからない状態に	→	◆アップルの不振を受け、創業者のジョブズが復帰 ◆ジョブズは、最初の仕事として製品数の大幅削減に取り組む （1年間で 350 種類⇒10 種類） ◆iMac を開発発売し、以降 iPhone 等の製品（iPod、iPhone、iPad）を開発

（前掲星野）

「すてる」の意義は

真の強みに集中させ・イノベーションを起こす

すてるものは？

- 市場が変わろうとしてる中で過剰な愛着をもつ製品群
- 今となっては強みが活かせない市場・顧客
- 過去の成功体験・従来からのやり方・慣習・取引慣行

↓

事業・製品・顧客・業務等の中で、強みを活かせていないもの、過去を引きずり環境変化に対応できていないものはないか？

ところで、日本企業が、欧米企業に比べてＲＯＥ（株主資本利益率）が低い理由の1つに、不採算事業の廃止ができていないことが指摘されている。また、投資家等から不採算事業についての今後の方針について問われることも多い。ただそれは言われなくても当の企業が一番わかっていることであろうし、今は不採算でも長い目で育てている事業や製品であるかもしれない。

では、事業や製品の見直し、廃止の検討をどう進めたらよいか。

第2章事業領域でも述べたが、事業ポートフォリオは、定期的に見直し・更新されていかなければならない。環境の変化に伴い強みを活かすことができるかという視点での見直しが必要である。製品に比べると、事業の廃止は投下している経営資源の大きさから、そう簡単に廃止の決断ができるものではない。ならば、その検討のプロセスを経営のシステムとして組み込むほかない。業務の基本的動作として、５Ｓ（整理・整頓・清掃・清潔・躾）を現場に浸透・定着させているのと同様に、経営上、毎期、事業・製品の整理を検討する仕組みをイノベーションへの取り組みと合わせ経営のシステムに組み込むことである。ドラッカーは、計画的廃棄の必要性を指摘している。

「イノベーションに優れた企業は、人の作ったものは、やがて陳腐化することを知っている。ゆえに、競争相手によって陳腐化させられるのを待たずして陳腐化したものは捨てることが重要である。古いものの計画的な廃棄こそ、新しいものを強力に進める唯一の方法である」（ドラッカー『経営者の条件』）

毎年、廃棄の検討・点検をせずに放置していくといつのまにか経営資源が累積し、なおさら、廃棄することが困難になるため、持続的成長を阻むリスクを点検する一環として、廃棄を毎期検討することが重要である。

また、先にも述べたが、働き方改革を、業務の見直し（労働時間の削減）、製品・サービス見直し（過剰サービスの廃止）にとどまらず、事業の見直しの好機と捉えて、推進していくことも必要であろう。

3 イノベーションを推進する指標

(1) 新製品開発を促進する指標と企業文化

新製品売上比率は、顧客の創造と粗利益の向上（価値の創出）のバロメーターと言える。3Mでは、過去5年以内に発売した新製品が占める比率と定義しており、現在、売上高の約3分の1の水準となっている。またデュポンは過去3年以内の新製品売上の比率とし、これも売上高の約3分の1の水準となっている。

先に紹介した3Mの15%カルチャーは、社員の自主性と製品の多様性を重んじる企業文化を醸成している。つまり、失敗を恐れない積極的なチャレンジこそが社員の自主性を伸ばすという文化が根付いているという（3Mジャパン　会社案内参照）。

このような考え方は、マズローの自己実現欲求（欲求の5番目）にも適っているものであり、創造性の発揮と、それによるイノベーションの実現につながっていると思われる。

(2) 基本理念に基づかない新製品開発・売上目標は、失敗する

とはいえ、この新製品売上比率にも留意すべき点はある。

新製品の売上のみに意識が向くと、全方位的な開発に走り、結果的に粗利益（率）が減少してしまうことがあるので、留意が必要である。

ここでは、１つ、レゴの事例を紹介したい。今やイノベーションの宝庫と言われるレゴであるが、当時の状況は以下の通りであった。

・１９９０年代の当時、15年間続けた2桁の成長率が止まったときに、右肩上がりの成長を続けるために製品開発を加速させて製品ラインアップを大幅に増やした。結果、開発費が膨れ上がる一方、売上は伸びずに、創業以来初めての赤字を計上した。

・この事態を打開するために、レゴは、企業再生請負人にレゴの経営を託し、２００５年までに売上を2倍にするよう依頼した。請負人は、この売上目標達成のために、「子供のいる家族向けのブランドでナンバーワンになる」という新たな目標（事業領域の変更・拡大）を設定し、様々な観点からイノベーションに取り組んだ。中でも全方位のイノベーションに取り組んだことにより、新製品の開発にとどまらず、レゴ初の新規事業（テーマパーク事業、テレビゲーム事業）も行った。

・結果はどうであったか、多数の商品が開発され一時は売上の10％成長を実現させたものの、２００３年業績が悪化し、レゴ帝国は崩壊し始めた。

レゴの売上高、利益、製品数

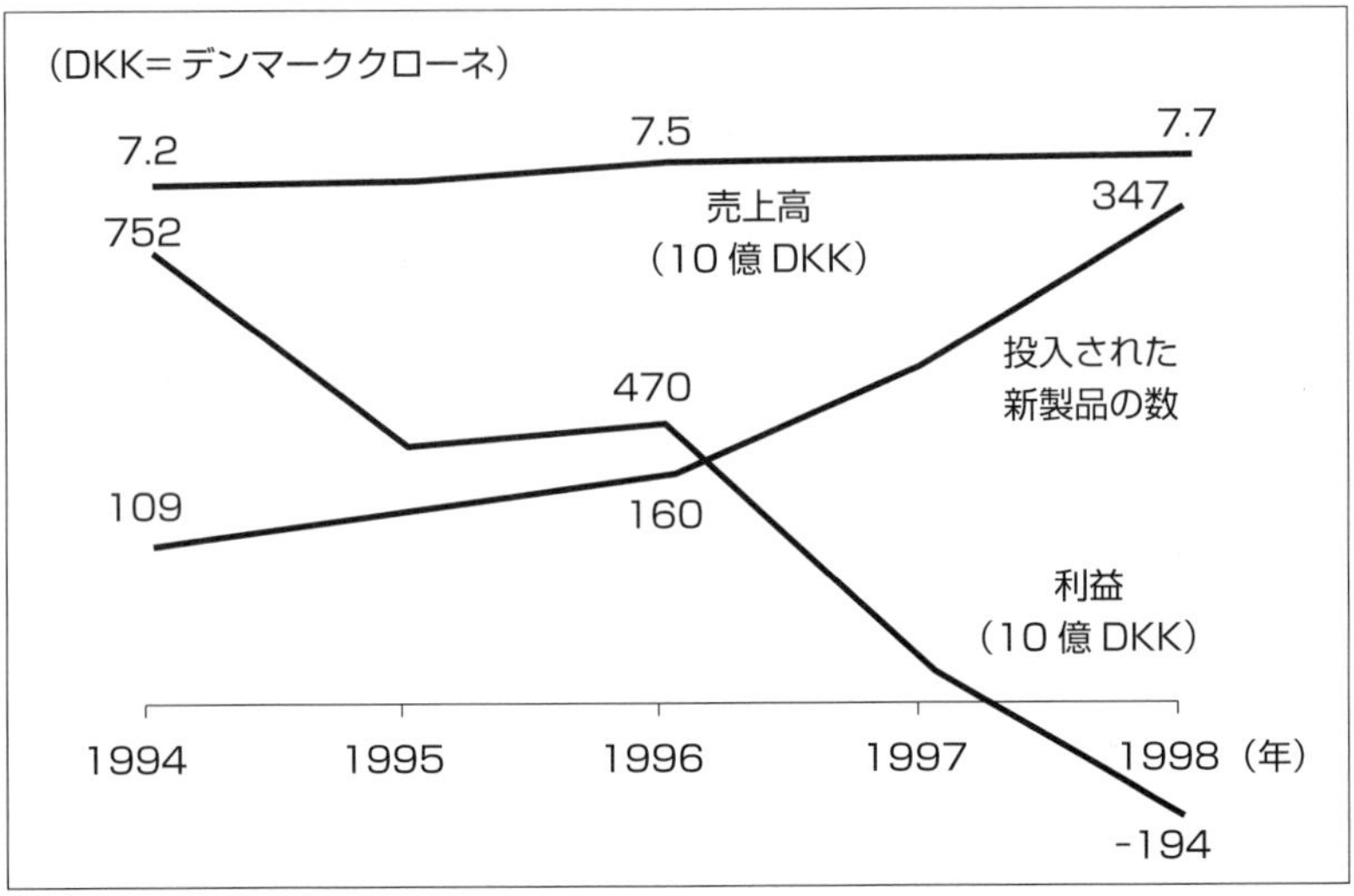

出典：『レゴはなぜ世界で愛され続けているのか』

業積悪化の原因は、数々の新製品が開発されたものの利益を上げている製品はほんのわずかであったということ（上図を参照）。

利益が出ない理由は、全方位展開により強みが分散し、ブランドが希薄化したことにより、顧客の支持が得られず、価値を創造できなかった（価格の下落）ことがあげられる。

そこでレゴは、会社を建て直すために最も重要なことは、本来の中心的な顧客に中核の製品を売るという基本に戻り、大元にあるレゴの基本理念に立ち返るということであった。以下の6つの理念の具現化に取り組んだことにより、共通の価値観が組織に共有され復活を果たしている。

第1の理念：価値観が肝心

第3の理念：製品ではなく、システム（※）を創る

第２の理念：果てしない試行錯誤が画期的なイノベーションを生む
第４の理念：的を絞ることで、利益の出るイノベーションが生まれる
第５の理念：本物だけをめざす
第６の理念：小売店が第一、その次に子ども
（※）システムは、「遊びのシステム」と呼ばれている。

第４の理念「的を絞ることで、利益の出るイノベーションが生まれる」について補足説明する。的を絞るというのは強み（利益を生み出せる本当にレゴの中核になり得る製品・事業）に集中し、利益の出ていないものは捨てる・専門外（得意でないもの）のものには手を出さないことである。

また、数値管理面からも利益のでるイノベーションを推進した。つまり、製品利益率の数値目標を設定し、その目標利益率を上回ることが確実に予測できなければ、市場には投入しなかった。利益率を目標に据えた意味は、開発段階から、ターゲットとする顧客にとっての価値を提供できるかどうか、つまり、高いお金を払ってでも買いたくなるような独自性のある製品を開発するというメッセージを組織全体に浸透させるためである。そのため、「ターゲット顧客の選定と顧客主導型の商品開発」が最重要のテーマとなり、組み立てが好きな子どもに狙いを絞り、高級ブランドを築きあげたのである。

この事例が残した教訓は、次の２つである。

・成長ありきの売上目標達成のために本来の事業領域（理念に基づくもの）から外へ出て、本業とはほとんど関連のない分野に進出して、やみくもに製品開発を行えば自滅するということ。
・一番大事にしなければならないのは、組織の目的【基本理念】であり、基本理念に基づかない新

製品開発・売上目標は、失敗するということ。

※執筆時現在、レゴは、顧客ニーズの変化に対応すべく（デジタル・バーチャル対応）、画期的なイノベーションに取り組んでいる。

(3) 研究・開発活動の目的や性格に応じた推進指標

上記の通り、利益の出るイノベーションを推進していくにあたっては、新製品の粗利益率も重要な指標である。成果という観点でみると、イノベーションの最終的な成果指標は、研究投資を上回るキャッシュを生み出したかが1つの考え方である。そのためには、顧客（市場）が高くても買いたいと思う価値を提供しているかその価値の証となる粗利益率を追求すべきである。

なお、イノベーションの推進にあたっては、市場の立ち上げ期に多少の利益を犠牲にしてでもシェアを拡大しておいて、その後に高い利益率（優位な価格）を獲得するという戦略も成り立つため、認知度の向上と新製品の早期普及を図りシェアの確保（一定の売上水準）を指標とすることも考えられる。この場合、犠牲にした利益は、実質的には、マーケティング費用であり、戦略コストといえる。コストとして位置づけることにより、コスト意識を忘れずに、そのコストを使って獲得すべき収益目標を明らかにすることが重要である。

イノベーションの形としては、新製品の開発もあれば、新技術や新工法の開発もある。後者はコストダウンを実現させ、製品の粗利益率を向上させる。また、顧客へのサービス提供システム（企業側でみればバリューチェーン）の革新もイノベーションであり、これにより新規顧客の開拓による売上増加が期待できる。

したがって、イノベーションの推進指標を検討する際は、研究・開発活動の目的や性格に応じた指標を検討すべきである。例えば、次のような指標が考えられる。

・新製品の開発⇓新製品の売上比率
・新技術・新工法の開発⇓対象の製品群の売上原価率（削減度合）
・新物流システムの開発⇓新規顧客（新規市場）への売上高

(4) 売上新規度という概念を設定する意義

(1)では、新製品売上比率（新規事業含む）を取り上げたが、ここでは、売上新規度という概念を設定する。売上新規度は、もう少し広い意味で捉えて、新市場（例：海外市場）や新規顧客に対する売上を分子に加え、算定するものである。

純粋なイノベーションの定義から外れるかもしれないが、組織を活性化し、持続的成長を行うためには、広い意味で新規性を高めていく経営が重要である。全くの新製品となれば相当の投資や開発期間が必要であるため、たやすいことではない。しかし、既存製品（技術）の強み（特性・長所）を活かせる分野はあるはずなので、製品の改良や新たな用途開発により、新規顧客や新規市場の開拓に積極的に取り組むことが重要である。歴史のある主力の既存製品であっても環境変化で市場の需要がいつどうなるかわからないため、安泰とすることなく、たえず環境変化にアンテナをはり、既存製品（技術）の強みが活かせる分野がないか探求を続けるべきである。

イノベーションを推進するための売上新規度の目安

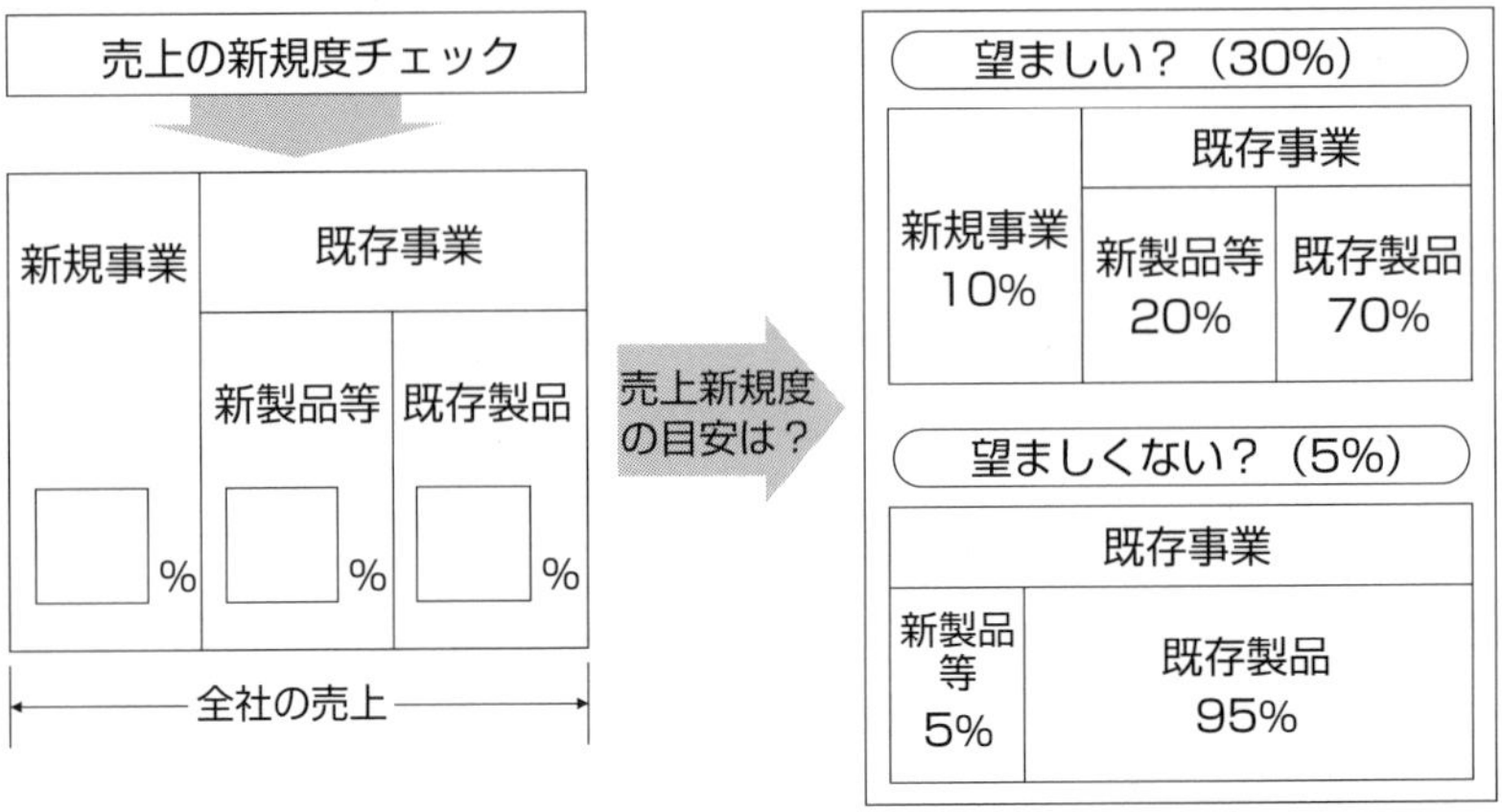

また、基本戦略の項で独自性のある価値を生み出すことの重要性を述べたが、全くの新製品でなくてもその改良ポイントに既存の顧客が新たな価値（独自性）を認めてくれた場合、それも歴とした新規である。

つまり、新規という定義は顧客が新たな価値を認めてくれたかどうか・独自性があるかどうかで決めることが大事である。売上新規度は、顧客の創造と粗利益の向上（価値の創出）のバロメーターと言える。売上新規度を設定・適用することにより、新陳代謝を高め、持続的成長に貢献できるはずである。

売上新規度＝（新製品・新規事業等顧客が新たな価値と認めた製品の売上）÷売上

なお、留意すべき点としては、既存か新規のどちらかに偏っても将来にわたって持続的な利益の向上は図れないし、両方拡大でも無理が生じどちらも中途半端になってしまう。大事なことは売上新規度の目安を持ちつつ、

新規度（イノベーション）をどう考えますか

Question #1

新規事業	既存事業	
	新製品等	既存製品
A	B	C

会社の将来を考えると今後A、B、Cの比率をどうすべきと考えますか。

回答選択肢（どれに一番近いですか）
1：A10%、B10%、C80%（新規度20%）
2：A10%、B20%、C70%（新規度30%）
3：A15%、B25%、C60%（新規度40%）

既存と新規の適度なバランスを確保することである。

この売上新規度に関して、1つの例題を取り上げる（上図）。筆者が役員向けの研修でお話ししている題材である。

この問いについて、役員の方の考えをお伺いすると、回答は大体二分されることが多い。将来の姿をどう考えるかによる違いと思われるが、大事なことはお互いの考えを共有し、将来ビジョンの実現に向けて、それをすり合わせていく真摯な議論である。

4 イノベーションを実現する研究開発管理のポイント

(1) 研究開発投資の重要性

ここでは、研究開発投資（未来費用）の重要性について述べてみたい。

3Mは、売上高に対する研究開発費の目標を6％に据え、毎年5％台後半の実績を維持している。これは過去の経験則からこのくらいの研究開発費をかけることが目標とする新製品売上比率につながっていることを把握していると考えられる。また、3Mは、研究開発費のうち、15%は基礎的な研究に振り向け、何をどう決めるかはリサーチ部門の自由に委ねられているとされる（日本経済新聞2017年5月16日付、米3M・CEOインタビュー記事より）。

炭素繊維の開発に約半世紀を費やし基礎研究所を保有するF社では、売上高研究開発費比率が、2・9%となっており、本社研究・技術開発（事業セグメントに属さない基礎研究・基盤技術開発）に研究開発費の約34%を投じている（数値は2017年3月期有価証券報告書より算定、引用した。なお、2016年3月期もほぼ同様の水準である）。

数十年先を見て未来のための研究開発投資（研究開発費比率）を継続するか否かが将来の成否を分ける。

(2) 研究開発費用の管理ポイント

研究開発費の管理、特に新規事業化の投資をいつまで続けるかは正に経営判断である。先に紹介したレゴは、「果てしない試行錯誤が画期的なイノベーションを生む」を第2の理念として掲げており、長期視点での研究開発の重要性を示唆している。

F社のように40年赤字でも成功するまで続けるケースや、予め事業化の期限（撤退の期限）を決めて取り組むケースもあれば、GMのように世界初の電気自動車EV1の生産を諦めてしまった事例もある。結果論であるが、諦めずに研究開発を続けたF社は、持続的な成長を成し遂げている。松下幸之助氏は「成功のコツは、成功するまで諦めないことだ」という真にシンプルな言葉を遺している。

時間軸における研究開発費用の管理ポイント

短期・中期・長期のバランスと役割・方針の明確化が重要

	20X1 ～	20X3 ～	20X5 ～	20X7 ～	20X9	方針
短期的開発〈既存市場ニーズ対応〉						スピード重視＆テーマ絞込み
中期的開発〈新市場開発等第２の事業の柱〉						変化への準備＆新市場開発
長期的開発〈未来の事業の柱〉						会社の意思基礎研究
・売上高研究開発費率の水準 ・長期の比率	○% ○○%	○% ○○%	○% ○○%	○% ○○%	○% ○○%	基本的に一定水準を確保する

大事なことは、研究開発投資を負担しつづける利益事業部門（プロフィットセンター）の理解・協力体制をはじめとした長期志向・未来志向という企業文化が構築されているかどうかである。つまり、研究開発費の管理としては、長期視点の研究開発は、未来の事業の柱を創るために会社の意思として取り組み続けることが重要であり、短期視点の研究開発は、市場・顧客のニーズの変化等環境変化に適応するという位置づけができる。また中期視点の研究開発は、第２の事業の柱を創る（例：新市場開拓のための新製品開発）という位置づけが考えられる。

なお、長期の研究開発は、キャッシュフローが蓄積できたら、長期開発に投資をするという行動特性が認識されているため（対キャッシュフローの弾性値が高い）、営業キャッシュフローも重要な経営指標として位置づけることが必要である。

以上のことを上図に示す。

ところで、経済産業省の報告資料（「民間企業のイ

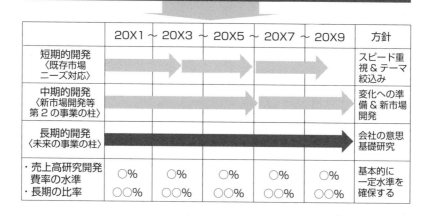

ノベーションを巡る現状」）によれば、日本企業の研究開発費の内訳をみると短期開発（事業化までに3年以内）が圧倒的に多い。国際競争激化により、全世界的に、短期的研究開発に振り向ける傾向が年々強まっており、事業化までの目途が10年以上かかる長期の研究開発投資に対する意識が低いことが記されている。これは、中計経営計画期間内において事業化を果たし、収益貢献するという姿勢の表われといえる。他社よりも早めに市場に投入し、優位に競争を進めるという考えと思われるが、それが真に競争優位となれば問題ではない。しかし、既存技術改良型の研究開発は、すぐに他社に追随され、競争激化により、収益性も向上しない。これも調査結果が物語っている。すなわち、研究開発がどれほどの営業利益の獲得をもたらしたかを示す研究開発効率は、国際比較において、日本はもっとも低い水準となっている。

なお、短期的開発にこだわるのであれば、成果指標を設定し、目標利益率の達成にこだわるべきである。つまり、レゴの事例でも述べたように、目標利益率の達成の見込みが困難な場合は、新製品を市場に投入しないという明確なポリシーが必要である。

ところで、短期的な研究開発が増えてきたという調査が行われたのは、２０１０年であるが、この近辺の時代背景としては以下の点が指摘される。

・２００８年4月から四半期報告制度の導入

・２００８年9月リーマンショック

経営が短期志向、保守的になり、リスクテイクして真に長期志向で革新的な研究開発に長期的研究開発投資を行うことを躊躇してきた結果ではないだろうか。

企業における中長期的研究開発投資の減少

- 国際競争激化により、全世界的に、企業は研究開発費の多くを短期的研究に振り向ける傾向。
- またこの傾向は年々強まっており、国が中長期的な研究を支援する必要が高まっている。

日本企業の研究開発の内訳

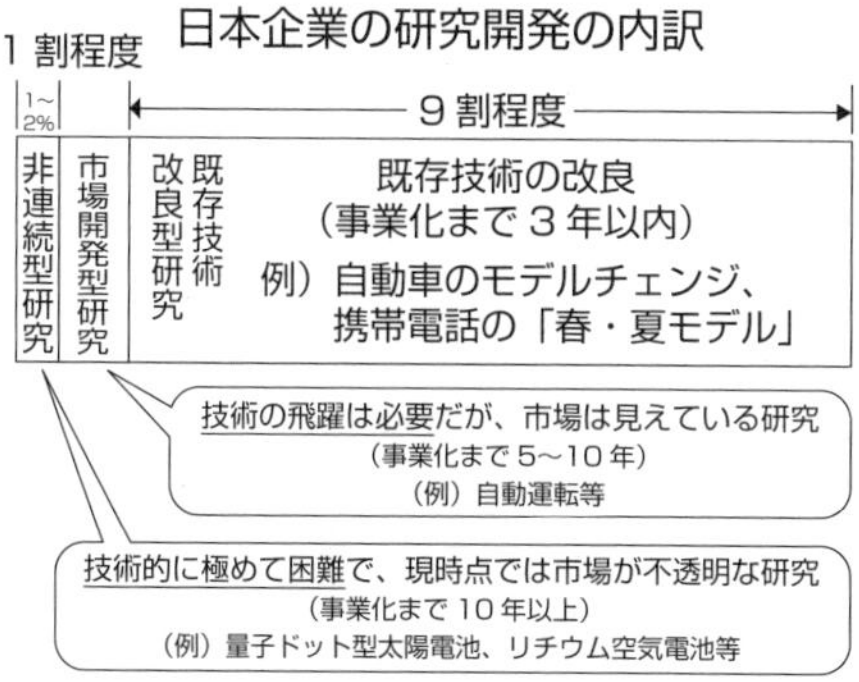

※研究開発費の多い日本企業からのヒアリング結果

日本企業の研究開発内容の変化

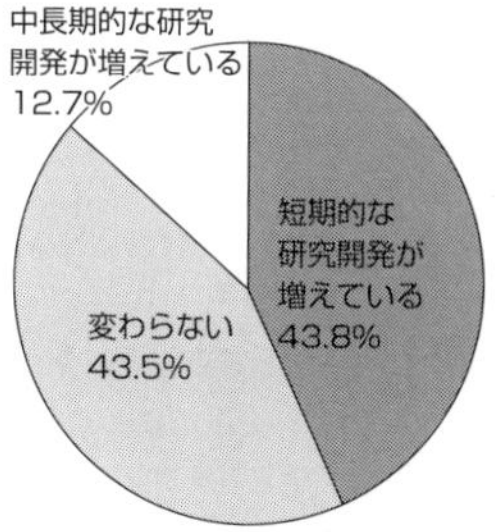

（出典）2010 年度産業技術調査
（オープンイノベーションに関する企業アンケート）

研究開発効率の国際比較

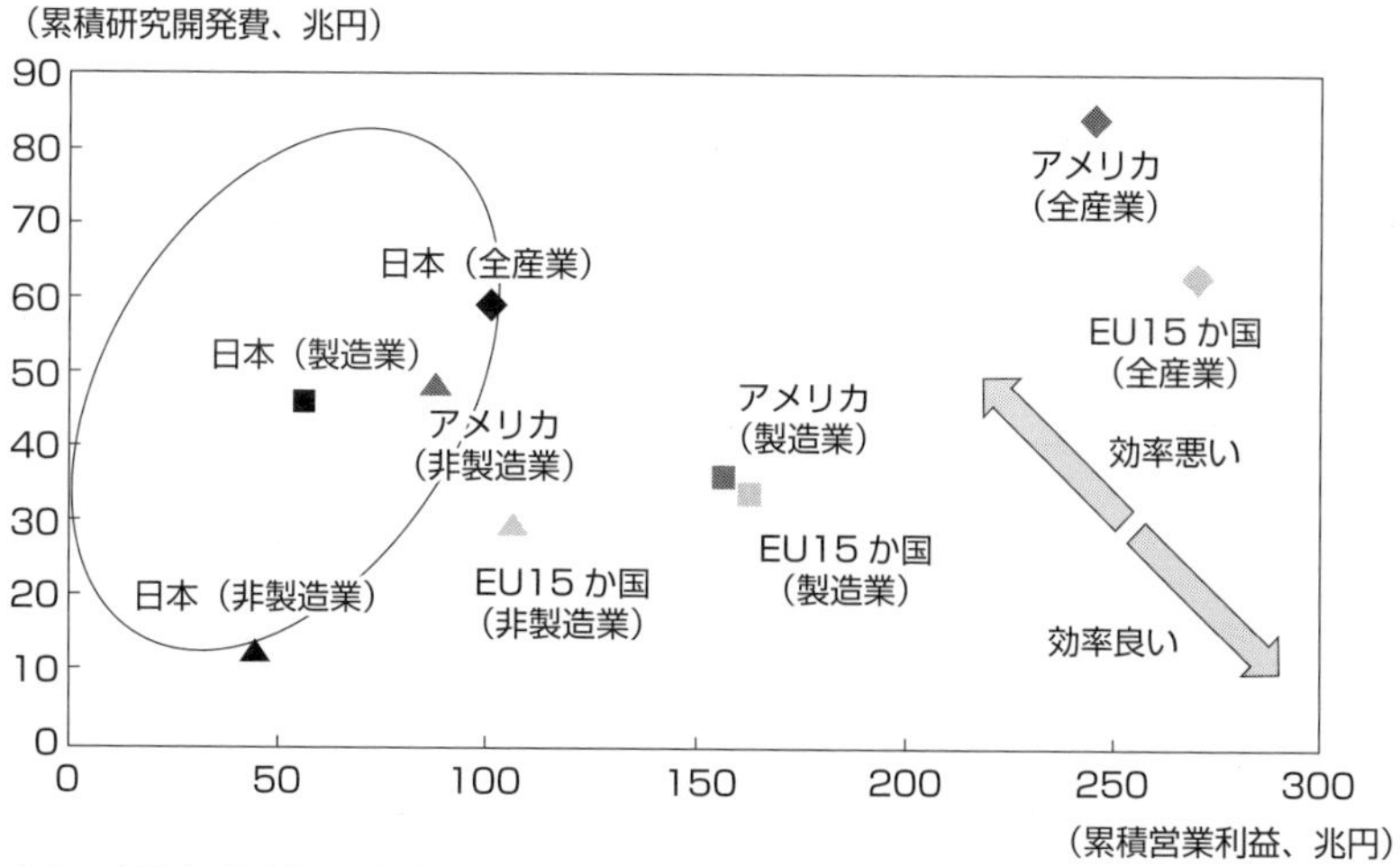

出典：内閣府「平成 27 年度　年次経済財政報告」
備考：1　研究開発費は 2004〜08 年の累計、営業利益は 2009〜13 年の累計。
　　　2　対象企業は研究開発費および営業利益について、2000〜13 年の値を取得可能な各国の上場企業。対象企業数は、日本：1,148 社、アメリカ：1,042 社、EU 15 か国：807 社。

2008年からもうすぐ10年が経過しようとしている今、将来を見据え、長期的な開発を確固たる意思をもって継続することができるか、持続的成長への勇気と覚悟が求められている。

そして、長期視点での研究開発を継続していくためには、従業員の定着率が高い水準で安定することが欠かせない。この点については、先に述べた働き方改革で、働きやすい環境をつくり、人手不足の中、長く働いてもらうことが重要である。

5 研究開発活動への経営資源の割当て

第4章の最後に、研究開発投資、研究開発活動への経営資源の割当てについてとりまとめる。経営資源の要素としては、人、お金、時間の切り口がある。人の視点でみれば研究開発部門の人員比率であり、伊那食品工業は全従業員の10%を研究開発部門の人員に充てている。また、お金については研究開発費の売上に対する比率であり、時間は、再三紹介している3Mの15%カルチャーに代表されるような研究活動・アイデア創出活動を行う時間の労働時間に対する比率である。

また、人とお金を割り当てて組成する研究開発部門（R&Dセンター）は、ニーズや変化に的確かつ迅速に対応できるようにマーケットに近いところに置くことが望ましい。特に、海外市場で急成長を遂げている企業は、いずれ成長市場は競争激化となるため、将来を見据えて更なる独自性（差別化）を確立するために、海外拠点に研究開発部門を置くことが重要課題といえる。

研究開発活動への経営資源の割当て

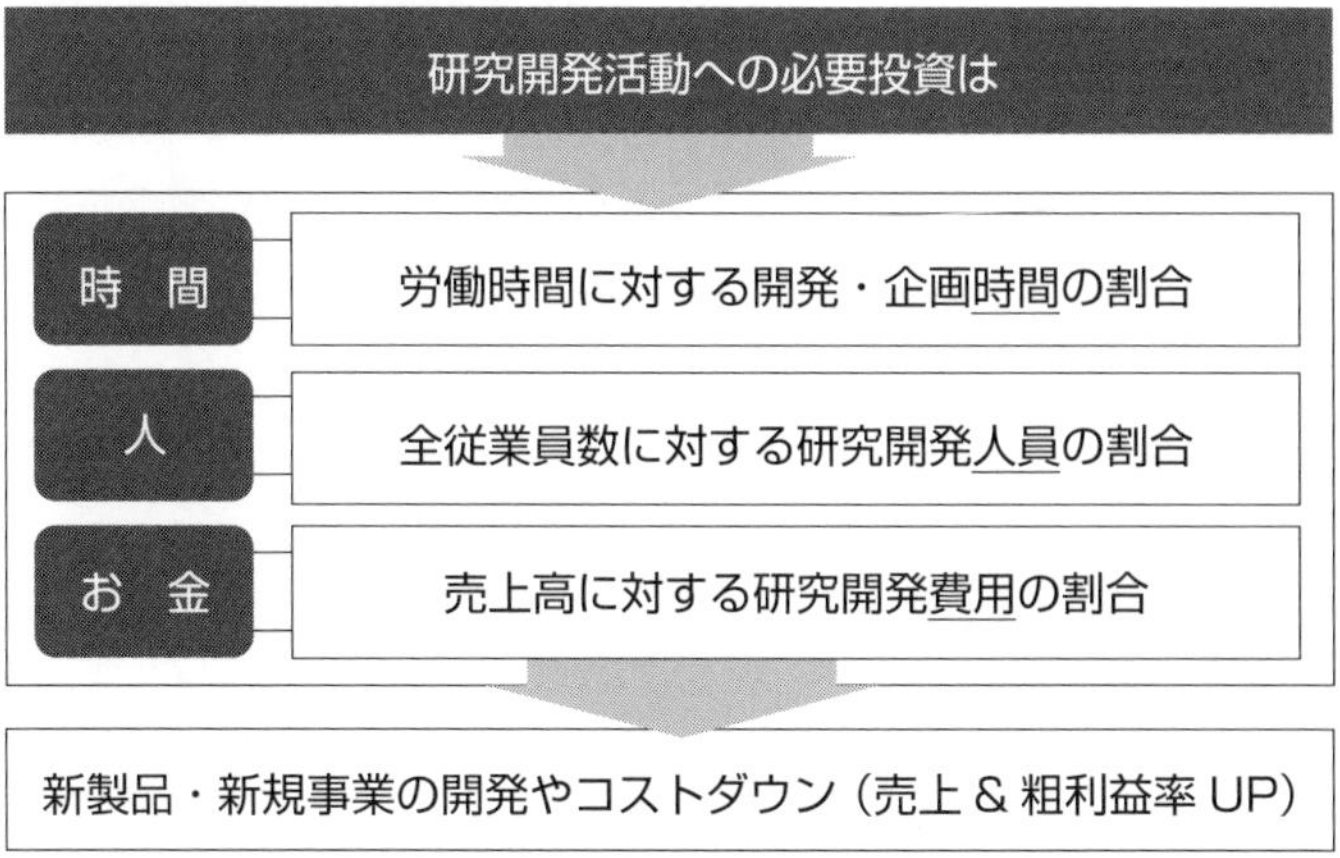

研究開発活動への経営資源割当てが、未来への天引投資という認識を改めて持ち、各社なりのポリシーをもって研究開発活動の推進指標を設定することが重要である。

コラム

ジョンソン・エンド・ジョンソンの我が信条とイノベーション

世界最大のヘルスケアカンパニーと言われるジョンソン・エンド・ジョンソンは、1886年の創業以来、持続的成長を続けている。同社の事例はよく取り上げられるが、中でも有名なのが、我が信条（Our Credo）だ。

『当社は、「痛みと病気を軽くするために」存在している』とし、第一の責任から第四の責任まで述べられている。

第一の責任：顧客に対するもの
第二の責任：社員に対するもの
第三の責任：社会に対するもの
第四の責任：株主に対するもの

ここでは、第四の責任について、紹介したい。

> 我々の第四の、そして最後の責任は、会社の株主に対するものである。事業は健全な利益を生まなければならない。我々は新しい考えを試みなければならない。研究開発は継続され、革新的な企画は開発され、失敗は償わなければならない。新しい設備を購入し、新しい施設を整備し、新しい製品を市場に導入しなければならない。逆境の時に備

えて蓄積を行なわなければならない。

これらすべての原則が実行されてはじめて、株主は正当な報酬を享受することができるものと確信する。

この信条の中に、研究開発と新しい製品の市場導入（イノベーション）について述べられている点が、注目すべき点である。同社のホームページには次のような記載がある。

「世界最大級のヘルスケアカンパニー」として成長しています。その根底にあるのが、研究・開発への惜しみない投資です。研究・開発費は総売上高の約11％を占め、すべての産業の中でもトップクラス。長期的視野に基づいた取り組みが、革新的な新製品を生む原動力となり、市場をリードし続けています。

また、「過去5年間に上市した製品」を新製品として定義していますが、その新製品が総売上高に占める割合は約25％に達しており、この比率は長期間にわたって維持されています。このことは、ジョンソン・エンド・ジョンソンが長期的視野に基づいて、研究・開発へ惜しみない投資をしてきたからにほかなりません（中略）研究・開発への投資は、文字通り〝将来に対する投資〟ということができます。ジョンソン・エンド・ジョンソンの研究・開発費は総売上高の約11％を占めており、全ての産業の中でもトップクラスの投資額となっています。

新製品の売上比率（売上新規度）が長期間維持されている点や、研究開発費比率が高い水準にあることは、先に紹介した3Mやデュポンと同様である。

この2つの指標とその水準が、まさに持続的成長企業の特徴の一つといえる。

また、我が信条の中に、研究開発と新しい製品の市場導入（イノベーション）の記載があること自体特徴的であるが、これは、第一の責任である顧客に対する責任（顧客1人ひとりのニーズに応え、質的に高い水準を提供する責任）を果たすために、最も重要であると考えられる。なぜなら、顧客の痛みと病気を軽くするために存在するという使命を果たすためには、永続的な研究開発が必要であるからである。

もう1点、我が信条で特徴的なのは、株主に対する順位が最後になっている点である。言い換えれば、株主満足は、顧客満足、社員満足、社会満足の結果もたらされるものであるということである。

長期志向、持続的成長を目指す経営は、結果的に株主価値の向上を実現する。結果として、ジョンソン・エンド・ジョンソンは、55年間連続で増配を行っている。

6

第6章

投資
（投資とリターンの会計マネジメント）

持続的成長を実現していくためには、イノベーションと同様に、リスクテイクをして戦略的な投資を実行していくことが、極めて重要である。本章では、投資戦略と投資した事業のポートフォリオ分析等を通じて、経営資源の最適配分と利益の向上について述べていく。

1 戦略投資の意思決定と成否の分かれ目

(1) 戦略投資の意思決定は取締役会の最重要事項である

ここで言う戦略投資とは、通常の維持・更新投資と異なり、会社の経営戦略として実行される投資である。会社の将来のために、時に会社の命運を左右するような戦略投資であるため、最も重要な意思決定が求められる投資である。

第2章事業で紹介したデュポンの事業再編の事例を再度紹介する。デュポンの当時のCEOは次のように述べている。

「リーダー層は、いつが事業を組み替えるタイミングなのかを常に考えている。もちろん、再編することにはリスクが伴う。だが、強調したいのは、何も変わらないことは、もっとリスクがあるという点だ。」「事業再編で重要なのは、タイミングだ。経営陣で議論したのは〝何を変えるべきか〟そして〝いつそれをやるか〟だけだ。」

戦略投資の意思決定のための分析

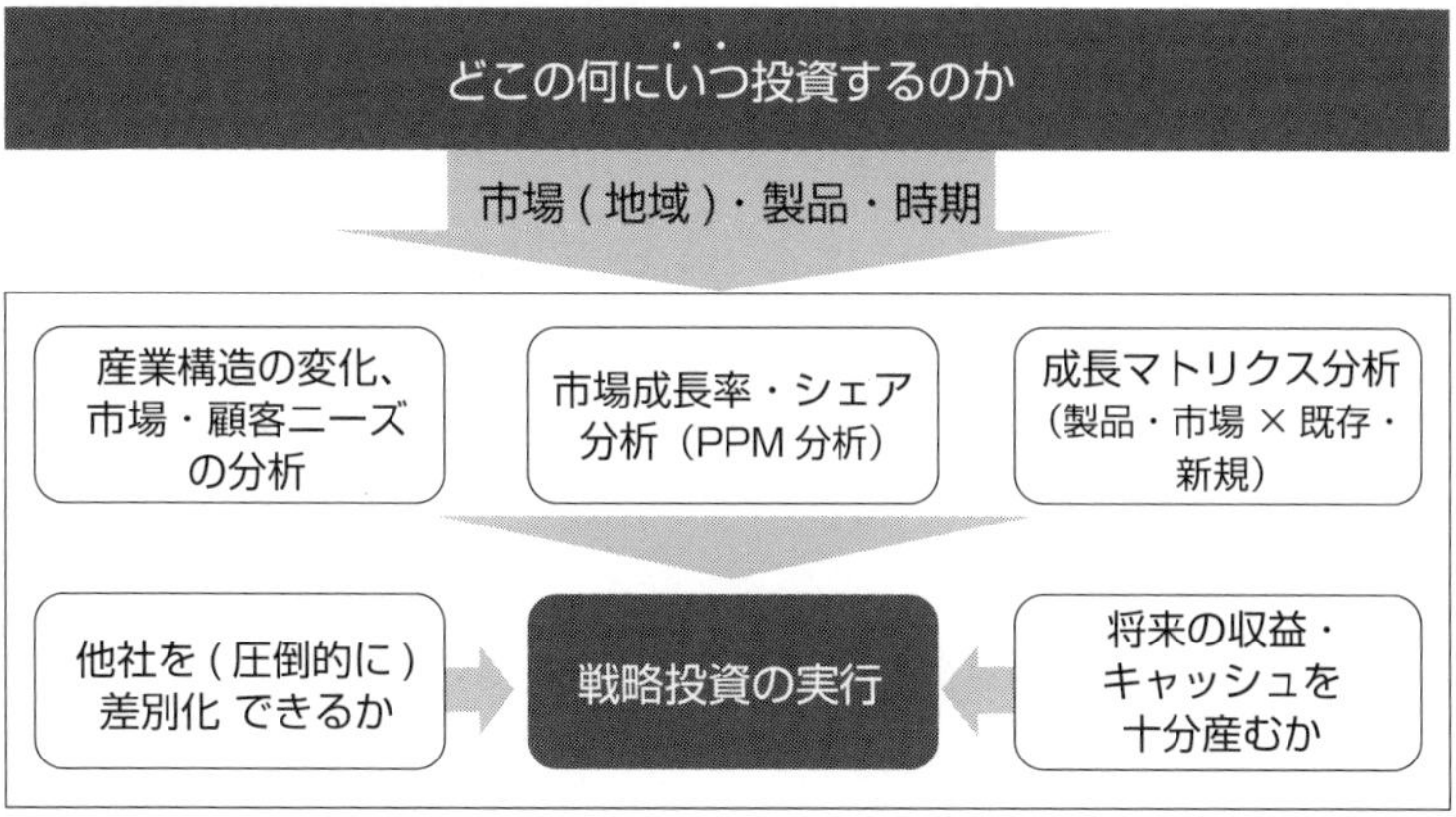
どこの何にいつ投資するのか
市場（地域）・製品・時期
産業構造の変化、市場・顧客ニーズの分析
市場成長率・シェア分析（PPM分析）
成長マトリクス分析（製品・市場×既存・新規）
他社を（圧倒的に）差別化できるか
戦略投資の実行
将来の収益・キャッシュを十分産むか

※分析の例

具体的には、将来のトレンド予測から始まり、産業構造の変化や市場の動向、顧客のニーズの変化や潜在的なニーズ、競合企業の動きなど必要十分な分析（※）を行い、いつ投資を行えば、市場をリードあるいは新たな市場を創出できるか等の議論が行われる。

その際、財務的な視点での検討も重要である。つまり、十分な内部留保（キャッシュフロー）が蓄積されるまで待てば時期を逸してしまうし、早すぎれば借入増・現預金が過小になる可能性がある。まさに、〝時は金なり〟である。

戦略投資をいつ実行するか、取締役会の最重要事項の1つである。取締役会での議論のあり方として、ドラッカーの意思決定の原則を紹介したい（次頁上図）。ポイントは、専門的視点のみならず、客観的視点、多面的な視点を議論に組み込み、全役員が納得し合意できる結論に到達するプロセスである。

意思決定の原則（ドラッカー）

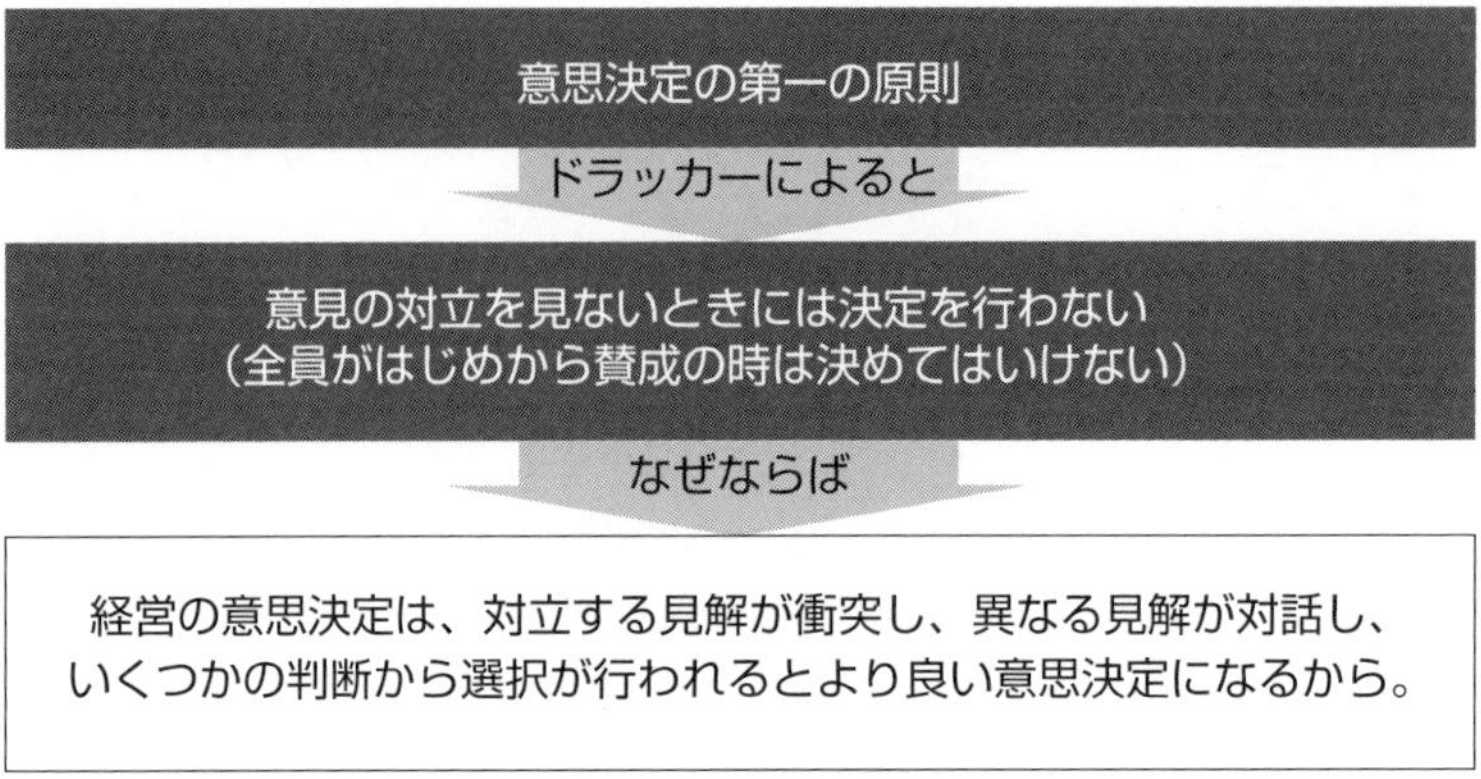
意思決定の第一の原則
ドラッカーによると
意見の対立を見ないときには決定を行わない
（全員がはじめから賛成の時は決めてはいけない）
なぜならば
経営の意思決定は、対立する見解が衝突し、異なる見解が対話し、
いくつかの判断から選択が行われるとより良い意思決定になるから。

（参考）『マネジメント／P．F．ドラッカー』（ダイヤモンド社）

(2) 戦略投資の成否の分かれ目

戦略投資の成否の分かれ目となる要因には次の4つがある。

i 使命感（理念）に基づく投資であるか

ii 強みを活かせる投資であるか

iii やみくもに規模拡大を追っていないか（経営のコントロール可能な範囲外にならないか）

iv ターゲットとなる顧客のニーズ（変化）を的確に捉えているか

v 自社の製品・技術に過信がないか。今現在も強みと誤認していないか。

i、ii、iiiについては第2章事業領域の章から繰り返し記載してきた。ここでは特に、iv、vについて述べてみたい。強みとは顧客に支持され価値を認められてはじめて強みといえ、他社との差別化が図られるものである。

顧客のニーズが変化しているのに過信が邪魔をして気づくのが遅くなり、いつの間にか強みでなくなった製品に莫大な投資（会社は戦略投資として位置づけ）をした総合電機メーカーＢ社の事例はまだ記憶に新しい。当時社長は「日本製の製品が売れると思っていた」と過信を認めた。顧客は日本製でなくても普通に画質が良く安くてデザインもよい韓国をはじめとしたアジアメーカーに流れた。教訓として、顧客のニーズの変化に敏感となり見逃さないことが肝要である。

顧客のニーズ（変化）を的確に捉えるには、愚直に現場で顧客の生の情報を収集し続けるしかない。大手メーカーＮ社では、週報と呼ばれる現場情報が経営者に報告され、必要な指示が現場にフィードバックされている。現場情報の収集・分析においてＡＩも活用可能ではあるが、ともすると目立たない情報に重要な変化が潜んでいる可能性があるため、今までの経験に裏打ちされた人間ならではの直観と機微がわかり研ぎ澄まされた判断ができる人間でしかできない領域があると思われる。

１つ戦略投資の成功例を紹介したい。

顧客の製品の一部を構成する加工品を生産している食品関連企業Ｑ社は、加工品を顧客と共同開発しカスタムメイドで提供している。十数年前、当時の売上に匹敵する大規模な設備投資を行い、多品種少量の自動システム工場を建設したことを契機に、以来、持続的成長を遂げている。まさしく、戦略投資の成功例であるが、成功の要因は、顧客ニーズに即応でき安定した品質を実現できる生産体制、つまりそのカギである多品種少量の自動システム工場が、他社に真似のできないものであったことがあげられる。

この事例の教訓は、成長が期待される新市場ばかりを狙って経営資源を投入するより、強みを活かした中核事業をさらに磨き上げ続けることに戦略投資する方が、顧客の目から見た明らかな差別化が継続され、持続的な成長が期待できるということである。

戦略投資イコール新市場・成長分野への投資（M&A含む）というイメージが先行しないよう留意することが必要である。戦略投資を行う上で、大事なことは、市場・顧客ニーズに今まで以上に応えることができるかその目算があるかどうか。新たな機会を創出する目算があるかどうかである。目算は、既存顧客との信頼関係の大きさ、市場・顧客との接触度、生の現場情報収集・分析力、そして、研ぎ澄まされた直観と先見性により定められる。

2 リスクテイクのポイント

前項で述べた戦略投資は、まさにリスクテイクであり、また、長期視点での革新的なイノベーションへの取り組みもリスクテイクである。持続的成長を実現するためには、リスクテイクはなくてはならない重要なテーマである。

リスクテイクの本質は高い目標を掲げることによる新分野・難しい分野へのチャレンジといえる。その意味でも、イノベーションを生み出すためには、リスクテイクはなくてはならないものである。これまで存在しなかった新しい技術や製品、新しい市場を生み出すためには、何かしらのリスクを取らなければならない。また、不確実性というリスクを伴うからこそ、その不安を打ち消す自社の強みをいっそう磨き上げることが重要となる。自社の強みの継続的な磨き上げ（開発投資）を通じて市場を創造し、将来のキャッシュフローを創出するのが、リスクテイクの醍醐味であるとすれば、リスクテイクの前提として、強みを磨き上げておくという不断の努力が欠かせない。

ではリスクテイクを推進し、補強するものは何であろうか。それは、「判断基準」と「情報収集」である。判断基準は、結局、持続的成長につながるか否かという1点に尽きるのではないかと考える。短期利益でなく長期利益を選択する、目先の利益でなく、信用を守ることを選択するといったことである。

判断基準については、ファーストリテイリングの事例により後述する。

情報収集については、特に市場や顧客等外部環境の「変化」に関する情報である。変化はリスクであり、チャンスにもなる。よく言われる「大変な時代」とは大きく変われるチャンスの時代なのである。

一方、過去の記録という意味での情報も重要である。例えば、過去のリスクテイクした戦略投資の事例として、当時の外部環境や内部環境、意思決定プロセスと判断基準はもちろん、投資実行後の状況、環境変化に対応した軌道修正の記録、意に反した結果になった場合の検証記録（教訓）等についても今後の意思決定の参考情報になる。

なお、リスクテイクした投資案件の事例で海外事業への進出・拡大があるが、最近巨額の損失が生じて撤退するケースもある。このような戦略投資は、まさに経営の意思決定であり、現場部門が関わることではない。つまり、戦略的にリスクテイクするリスク（戦略リスクと呼ばれることもある）は、組織の各部門がコントロールする性質のものではないとの判断から、一般的に、リスクマネジメントの対象範囲から、除外されている。しかし、特に海外案件のように実態把握に困難が伴うケースにおいては、実際の現場を想定したリスクとその大きさ、また実行可能な軽減策の有無など、現場目線でのリスクを予め評価し、経営判断の際のプロセスに織り込むことが必要である。

以下に、ファーストリテイリングの柳井社長がとったリスクテイクの判断事例を紹介する。著書『経営者になるためのノート』より、原文を抜粋し要旨をまとめてみた。

安定志向で安定成長している会社はない。

高い目標を掲げ、高い基準を追求していくと、今までやったことがない新しいことに挑戦をすることになる。

挑戦をすべきことにはリスクを恐れずに挑戦する。

突っ込んでいかなければならないような時には、思い切って挑戦する。

「リスクがないところに利益はなく、リスクがあるところに利益がある」

そのため、リスクは、しっかり計算する。

「これをやる場合のリスク」と「これをやらない場合のリスク」

これを天秤にかけるのが、リスクを計算するということ。

〈ユニクロ原宿店オープンの際の事例〉

1998年原宿店をオープンする時に、販売する全ての商品を自社商品にすることを意思決定

ここでその時のリスクの計算をすると

全商品の自社化を
「やる場合のリスク」
ナイキやアディダスなどのスポーツブランドの輸入商品の扱いをやめること、つまり、当時ユニクロにおいて人気だった商品の売上がなくなるというリスク
「やらない場合のリスク」
輸入仕入商品をやっている限り、利益幅に限界がある
〝本当に良い服を世界中のあらゆる人に提供する〟（使命）ためには全部自分たちでコントロールする必要があるが、そうした自社ブランドの構築がいつまでたってもできないこと、これがやらない場合のリスク
「目の前の利益」という尺度で天秤にかけると
全商品自社化はやらない方がいい
しかし
「長期的な利益」という尺度で天秤を見ると違う風景が見えてくる
新しい取り組みが成功すれば、自分たちのブランドの服を着た人たちが世界中の街にあふれ、その利益が全部自分たちのものになるという風景
結果として、今、その時見たいと思った風景に、近づくことができた
それは、結果が出るまでやりきったから
リスクを取った限りは、中途半端にせず、結果が出るまでやりきること

中途半端にすると、短期利益も、途中のコストも、そして未来の利益も、全部失うことになるリスクを取ってやると決めた限りは、そのやると決めたことを脇目も振らず、ただもう一直線に、徹底的に、結果が出るまでやりきるということ。つまり、やると決めたことの徹底実行。これが経営では非常に大事

経営者にとって大切なのはそこであきらめないということ。一回や二回失敗したくらいでめげないことである

以上が、本の要旨である。

改めて、この事例で強調されたことは、次の2点である。

・リスクテイクの判断基準

「短期利益」vs.「長期利益（未来の利益）」の結果、未来の利益を選択

・リスクテイクしたら、最後まで諦めずに徹底的にやりきること

未来の利益の観点から、リスクテイクしたことが革新的な自社商品の開発へとつながり、今日のファーストリテイリングの持続的な成長・高収益のきっかけになったと考えられる。

3 撤退と減損会計

減収・減益や赤字の理由が、市況の悪化や需要の低迷といわれることがあるが、同じ市場にいれば

受ける影響は他社を含めすべて同じく平等である。的確な対策でリカバリーが打てればよいが、それが難しければ、そもその市場で事業を続けるのか・撤退するかを真剣に議論しなくてはいけない。これこそ取締役会の重要な意思決定事項であり、客観的・多面的な観点での議論が求められる（先のドラッカーの意思決定の原則を参照）。

しかし、過去の成功体験や投資額の大きさ・これまでの回収額・回収率への未練に固執し、なかなか捨てる決断ができないのも事実である。だからこそ、客観的・建設的に議論することが重要であり、「すてる」（強みに集中）ことのメリット（イノベーションの実現等）について改めて認識すべきである。

撤退に関連して、会計上テーマとなるのが減損処理である。ここでは、減損会計の経営的な意義について考えてみたい。

前章でも述べたように、「すてる」ことは、強みに集中させ、イノベーションの起こすきっかけにもなるため、重要な意思決定である。ドラッカーは「計画的廃棄」と呼んでいるが、環境は絶えず変化しているため、廃棄する（すてる）べきものがないか定期的にチェックすることが必要である。この「すてる」という行為（計画的廃棄）を会計的視点から、議論するのが、減損会計の検討である。

減損は、過去の成功と見切りをつけるための錦の御旗になることができる。

したがって、減損処理の検討は、後ろ向きに対応するものではなく、経営の意思として真摯に検討すべきテーマと言える。また、この定期的な見直し・廃棄をすることにより、やむにやまれず大規模なリストラに追い込まれるような事態を未然に回避することもできる。

ちなみに、見切りの重要性については、江戸時代の商売人の商売哲学にも示されている。

減損会計とは、“すてる”こと

すてる（計画的廃棄）

↓

減　損　会　計

↓ 簡単に言えば

将来儲けを生まない事業資産の簿価を減額し損失計上

↓ ドラッカーは

事業・商品にはライフサイクルがあり絶えず環境変化の波にさらされているので、定期的な見直し・廃棄が必要

働き　1両
考え　五両
知恵借り　十両
ひらめき　百両
見切り　千両
無欲　1万両

ところで、減損処理の検討をする際は、投資の意思決定時に外部環境・内部環境を十分吟味して検討するのと同じように、外部環境分析が求められている。

まさに、この外部環境の変化（悪化の兆候）の早期把握こそが、減損処理を検討する経営的意義の本質である。なぜなら、目まぐるしく変わる環境変化に対して、毎四半期ごとに変化の状況、悪化の兆候を把握・分析する習慣が定着することにより、リスクに対するアンテナの感度が高くなるからである。

リスクはいつどこからともなくやってくるため、把握と評価のプロセスが欠かせない。その把握のために環境変化分析の重要性を改めて認識すべきである。

投資検討時における外部環境分析と減損の兆候分析との関係

投資検討時における外部環境分析

事前分析

①市場・業界・商圏の規模や動向
②顧客ニーズの動向
③商品（ライフサイクル）の動向
④競合他社の動向
⑤技術革新の動向
⑥法規制の動向

ボリューム（数量）と市場価格に影響
⇒将来キャッシュフローの見積りに反映させる

減損会計（兆候の把握）における外部環境分析

結果分析

・材料価格の高騰や市場価格の著しい下落等市場環境の悪化（左記①～④）
・技術革新による著しい陳腐化等
・改正等による法環境の著しい悪化

価値（市場価格）の下落要因

企業価値を毀損させるもの

改めてリスクとは：環境変化の把握と適応の重要性

経営指標・経営目標の達成を妨げるもの（企業価値を毀損させるもの）

どこから来るか

1　外部環境の変化からやって来る

2　内部環境の変化からやって来る

ゆえに

環境変化を見逃さずに把握し、悪化や陳腐化の予兆（リスク）を素早くキャッチし、的確に対応することが重要である。

なお、変化を見逃さずに把握するためには、第3章で述べたように組織的な情報収集システムが重要となる。そして、この情報収集システムが、リスクテイクを支えるものにもなる。

なぜならば、

✓ 計画が長期になればなるほど、仮説の比重が高くなる
✓ 経営は、ある意味、仮説と検証の繰り返しである。
✓ 環境が大きく変化している状況においては、仮説に基づく行動そのものが、リスクテイクとなる。
✓ よって、迅速かつ果断なリスクテイクを行うためには、仮説の精度を上げることが重要となる。
✓ 仮説の精度を上げるためには、情報の収集と分析力を高めること【情報収集システムの整備】がポイントである。

最後に、ダーウィンの言葉を紹介する。

最も強い者や最も賢い者が生き残るのではなく、
環境の変化に素早く適応できる者が生き残る（ダーウィンの言葉より）。

コラム

TVドラマ化小説「下町ロケット」にみるリスクテイクの判断事例

このコラムでは、リスクテイクという言葉が話題となった事例を紹介する。

読者の中でもまだ記憶に残っている方もいらっしゃるかもしれないが、筆者の中ではまだ鮮明に記憶している。

２０１５年12月最終回放映のハイライト場面である。

帝国重工が、ロケットエンジンの部品として、サヤマ製作所（椎名社長）のバルブの正式採用を決定する役員会の場面で共同開発中のサヤマ製作所の人工心臓コアハート（人工弁）にデータ偽装疑惑が週刊誌に報じられたことが伝わり、これにどう対処するかが議論となった。

データ偽装の真偽はさておき、このような報道がなされてしまうような企業と取引することは社会的信用を損なう恐れがある。今回のサヤマ製作所のスキャンダルは、帝国重工のコンプライアンス規範に抵触する可能性があった。

全くのガセネタであれば何ら問題はないが、事実だとすれば、サヤマ製作所との共同開発は直ちに中止し、それによって、スケジュールに大幅な遅延が生じ、プロジェクトに重大な影響を及ぼすことになる。さらに、正式採用しようとしているロケットエンジンバルブも信頼性が疑わしくなり、データ偽装の可能性が生じる。

主人公の佃製作所の技術力を正当に評価し、ものづくりにひたむきな佃社長を応援してきた開発部長は、傷が浅いうちにサヤマ製作所との共同開発は白紙に戻し、以前の通り、佃製作所からのバルブ供給に戻すことを提案する。

このような状況の中、度を越えて親密な関係を築きサヤマ製バルブ採用の強力に進めてきた購買部長はあくまで噂であるとし、開発部長の意見に真っ向から対立して次のように言い放った。

「マスコミを信じるのか、椎名社長を信じるのかの二択だ」

これに対して、開発部長は、「これは単純にどちらを信じるかという比較の問題ではない。リスクテイクの問題だ。このままプロジェクトを進め、その最中に偽装が証明された場合、スターダスト計画は崩壊する。その責任が貴方にとれるのか。」と購買部長の判断をバッサリ切り捨てたのである。

報道が事実だとすれば、サヤマ製作所との共同開発は、あまりにリスクが大きすぎるという見解である。最終判断者である藤間社長が、不採用を決断したことは言うまでもない。またデータ偽装も事実として行われていた。

藤間社長の「ロケットは、金や技術があれば打ち上がるという簡単なものではない。ロケットを舐めるな」というセリフも非常に印象的であった。

この事例で示したことは、レピュテーションを毀損する恐れがある場合は、リスクをとらないという意思決定（攻めではなく守りのリスクテイク判断）をしたことである。

成果や目の前の利益よりも、企業の信用・ブランドを守るということが絶対的な判断基準であったのである。

4 事業ポートフォリオ分析のポイント

ここでは、事業ポートフォリオ分析として、投資効率を高めるための分析手法について述べることにする。

成長性という観点から、事業ポートフォリオを「高成長事業」「安定成長事業」（場合によっては、「収益改善事業」を追加）に分類し、高成長事業に戦略投資を行う場合がある。成長性が高い分野に経営資源を集中するのは一見正論であるが、高成長であるがゆえに今後、競争激化も予想されるため、経営資源の配分にあたっては、特に次の3点をシビアに検証しなくてはならない。

・そもそも自社の強みが最大限活かせる事業か
・自社の独自性は強みに立脚した揺るぎないものであり、競合との差別化は明確になされているか
・環境変化に即応できる組織体制が整備されているか

また、複数の事業を持ち多数の製品群を抱える全方位的な事業ポートフォリオは、一見多様な顧客に対応でき売上（量）は稼げるが、利益が伴うかどうかは別である。先に紹介した3Mのように多様性を強みにしている場合はイノベーションを上手に推進し、利益率を高めている。

一方、そうではない場合、全方位は真の強みに集中できず資源が分散してしまうため、経営効率は低下し、利益率も下がるであろう。

さらに、現状多くの事業を抱えた事業展開を後追いで肯定するために、使命感（経営理念）に注

釈・補足するケースが見受けられるが、そのような安易なことは行うべきではない。使命感（経営理念）の解釈・再定義は、経営者が全身全霊をかけて行うべきものであるからである。

事業ポートフォリオ分析と称して成長性、資本効率（収益性）の2軸で分析し、経済価値の低い事業は縮小又は廃止の検討がなされることがある。しかしそもそも論としてそのような事業を会社の事業領域として定めた経緯や理由を再確認する必要がある。事業拡大（業容拡大）の名のもとにいつの間にか（なし崩し的に）事業が開始され、一定の業績を上げてはきたものの、現在は不振となっている事業がある。本来それは使命感（経営理念）に真摯に向き合った事業であったか、会社の強みが活かせる事業であったかについて、改めて検証する必要がある。使命感（理念）から遠く、経済価値も低い（あるいはマイナスの）事業であれば、縮小・廃止を本格的に検討すべきであろう。

なお、複数の中核事業の陰で注目されない事業でも将来性があり投資を継続していくことが必要な事業がある場合は、当該事業への経営資源の配分を再検討することも重要な判断になるであろう。

以上、事業ポートフォリオ分析の留意点を述べてきたが、次にこの分析の活用について述べてみたい。

ポートフォリオ分析による事業の見直しを検討することは、過去の経緯や成功体験のもとに思い切った改善・改革をせずに継続してきた事業に対して、合理的（効果的）な判断を支援することができる。今となっては、経済価値が低下している不振事業に対しこれ以上の低リターンの投資負担を継続しないためには、主観や思い入れを断ち切ることが必要であり、客観的な数値で比較可能な分析を行うことは有用である。

ここで、事業ポートフォリオ分析の事例についてステップを踏んで紹介する。
第1のステップ：事業の成長性と収益性の分析①（事業部門マネジャーの分析）
第2のステップ：事業の成長性と資本効率の分析②（事業部長による分析）
第3のステップ：事業効率（経済的付加価値EVA）の分析③（取締役会による分析）
第1のステップから、順番に分析者の階層・分析の視点が上がっていく。つまり、マネジャーは収益性を意識しているが、事業部長は資本効率を意識しなければならず、さらに、取締役会では、経営資源の最適配分と事業効率を議論しなくてはならない。

各事業の参考情報は以下の通りである。
A事業：第1の中核事業（主力事業）、効率化が進んでいる
B事業：新規の成長分野である第2の中核事業、積極的な投資が継続している
C事業：数年前に立ち上げたA事業の周辺事業（※）
D事業：昔からの事業で衰退傾向の事業
※当初は市場の成長性に期待して参入し、相当な投資をしたが、競争激化で今後利益率が低下することが予想されている。

上記の情報に、各事業への投資情報を加えた場合、分析②の図のような成長率と資本効率の分析がなされる。

B事業は、積極的な成長投資を続けているため、ROICは、A事業よりも低い水準となっている。
さらに上記の情報に、資本コストの情報を加え、事業効率と経済的付加価値EVAを算出したものが、分析③の図となる。EVAについて、概要を解説しておく。

事業ポートフォリオ分析①：成長性と収益性

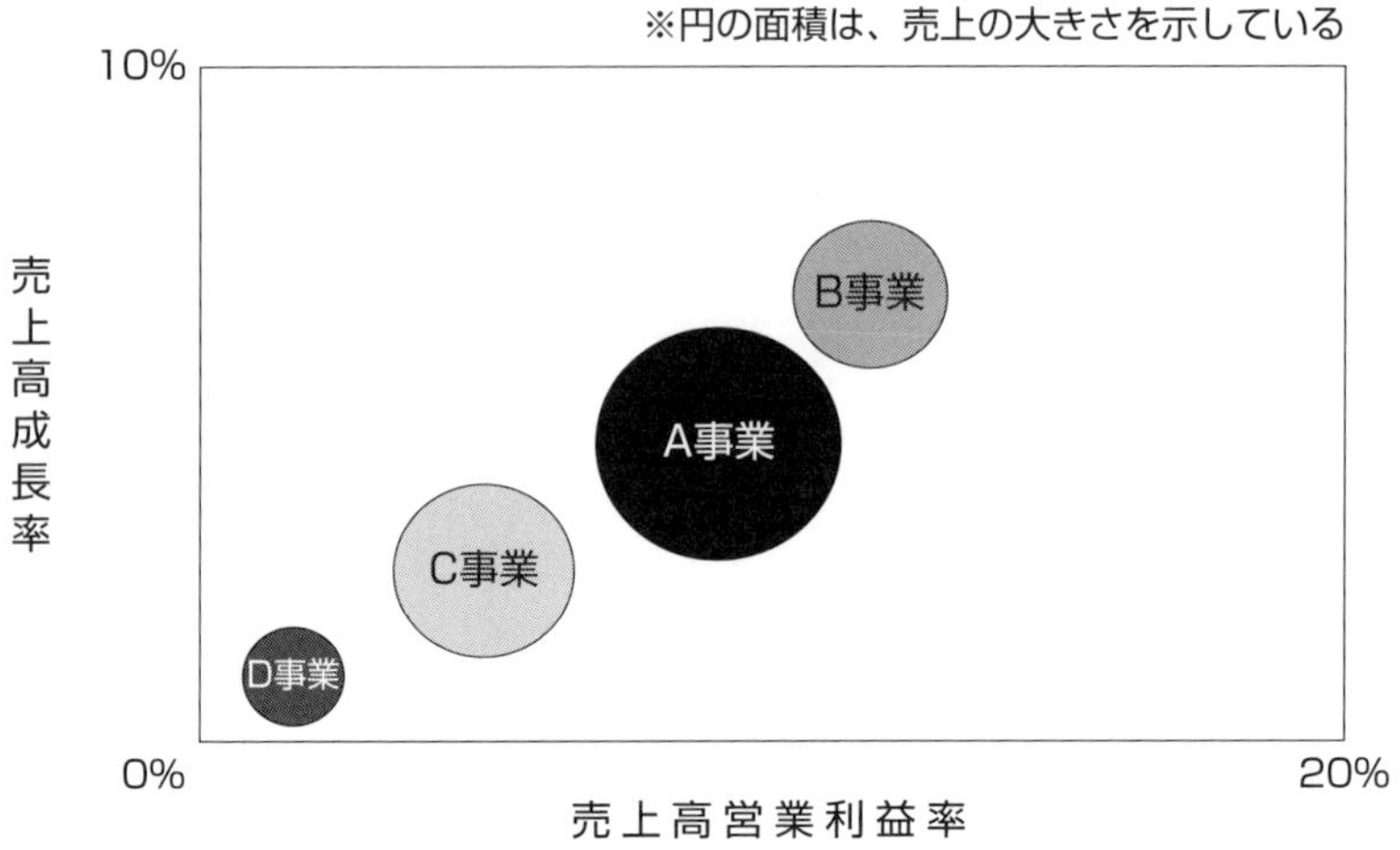

事業ポートフォリオ分析②：成長性と資本効率

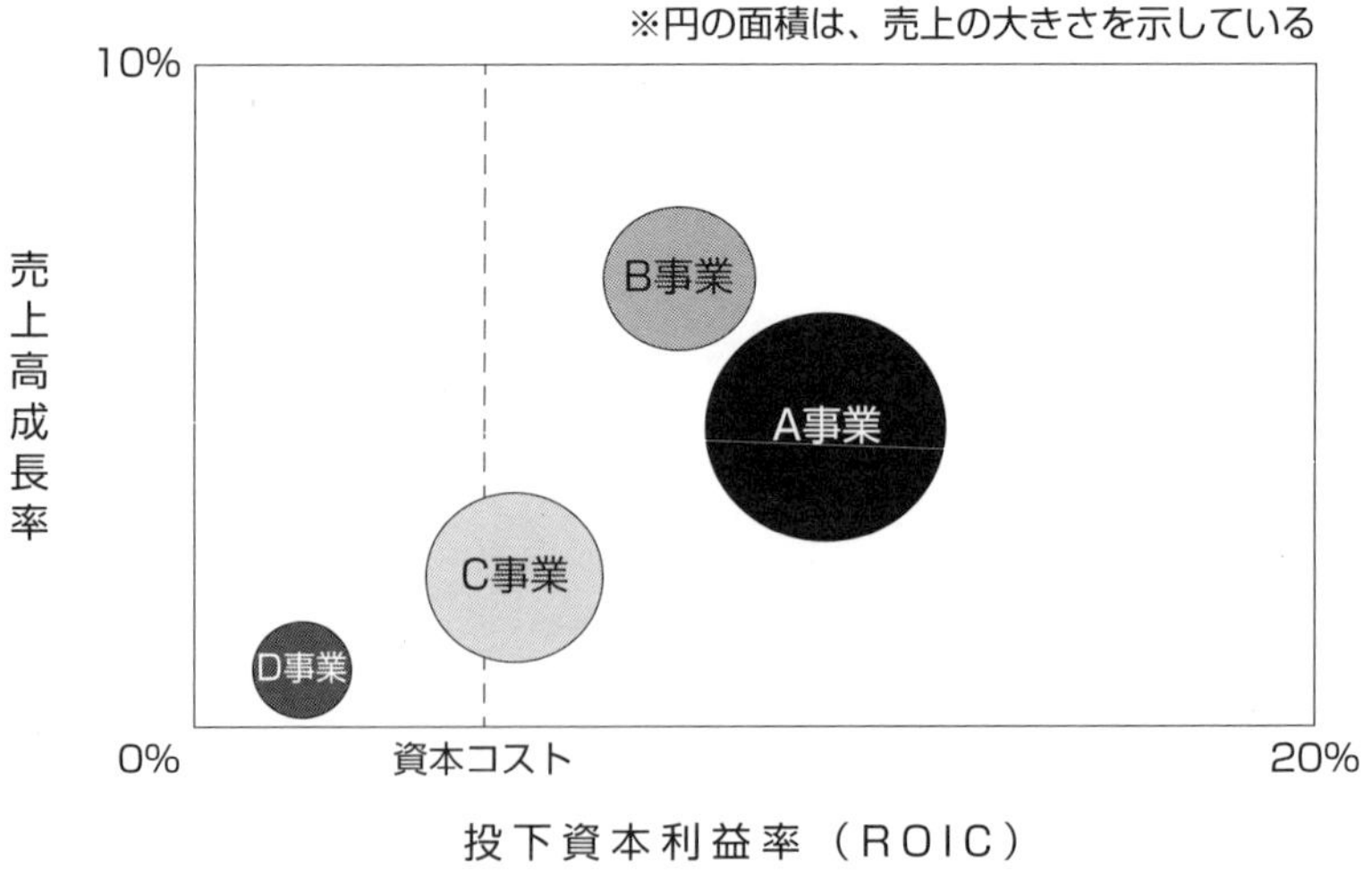

事業ポートフォリオ分析③：事業効率分析（経済的付加価値 EVA による分析）

経済的付加価値（EVA）	：投下資本×事業効率＝税引後営業利益－資本費用
事業効率	：投下資本利益率ROIC－資本コスト（割引率）

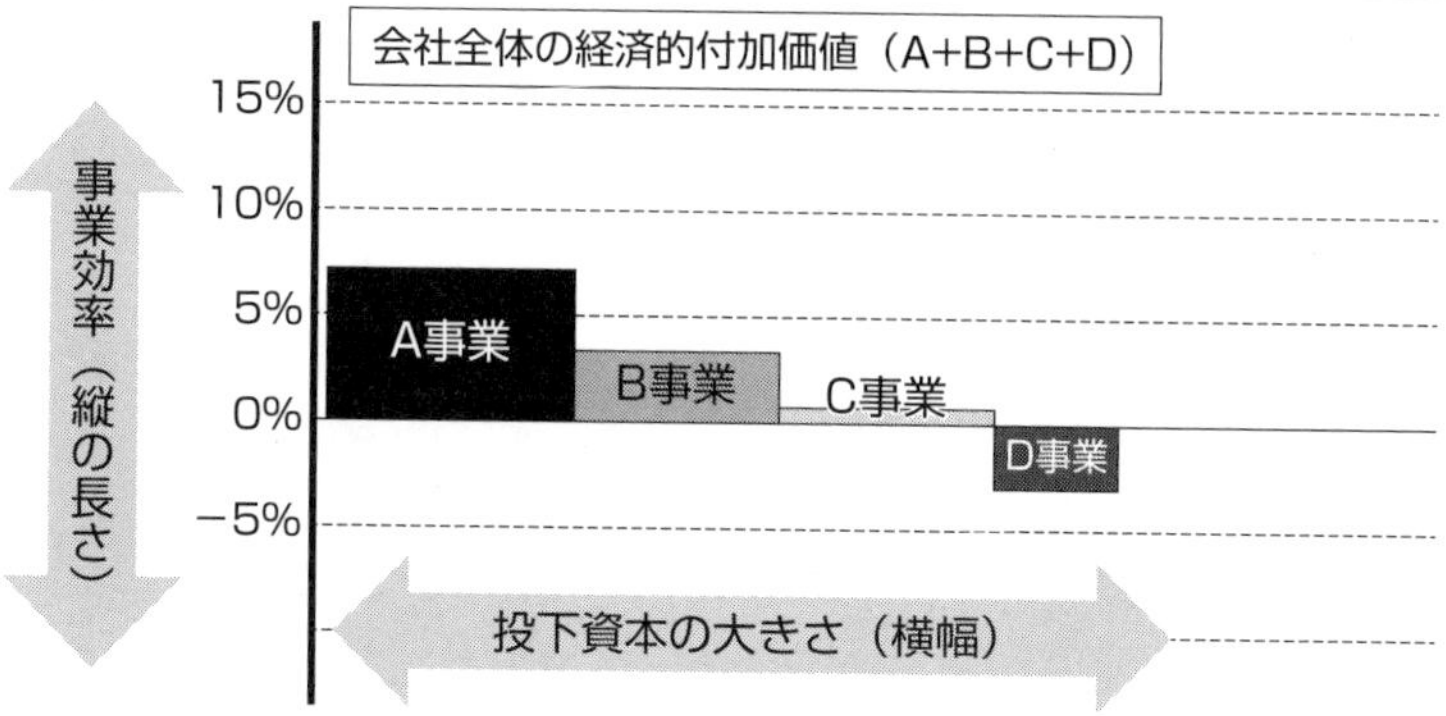

（EVA：Economic Value Added）

経済的付加価値ＥＶＡとは、企業価値向上の視点から考え出された指標である。

事業活動から得られた営業利益（税引後）から、株主等の資本提供者が求める期待リターンとしての資本費用（＝投下資本×資本コスト）を差し引いて算出する。

ＥＶＡ＝税引き後営業利益－資本費用
＝投下資本×（ＲＯＩＣ－資本コスト）

資本コストとは、通常、加重平均資本コストＷＡＣＣが用いられることが多いが、株主や債権者（資本提供者）が求める期待リターン率であり、平たくいうと同業・同規模の競合企業の平均的な投下資本利益率とも考えることができる。したがって、ＲＯＩＣが資本コストを上回っている状況は、計数的にみて競争優位にあると考えられる。

なお、ドラッカーは、２０００年秋頃のインタビューにおいて、次のようなことを述べている。（ドラッカー学会２０１７総会報告より）

・収益性とは、経済活動のリスクプレミアムである。不確実性・リスクが高まれば、その分、収益性が求められる。
・したがって、「収益性（投下資本利益率）＞資本コスト」でなければならない。

この事例についての分析検討結果としては以下のような方針が示される。

・A事業は、引き続き資本効率の向上に努め、経済価値を支えていく。
・B事業は、当面積極的な成長投資を続け、ＲＯＩＣよりも、売上と営業利益の成長率を高め、営業利益率を高水準で維持していく。
・周辺事業のC事業は、縮小し、その分経営資源を第2の中核事業であるB事業に割り当てる（再配分する）。これは第3章目標マネジメントで述べたように、周辺事業分野が競争激化し、利益率が低下しているため、量を捨て、強みの事業に経営資源を配分するという選択である。
・D事業は、撤退を検討することが考えられる。

繰り返しになるが、事業ポートフォリオ分析は、まず第一に、定義した事業領域との整合性を確認した上で、経営資源の再配分を行う場合に効果がある。

5 投資とリターンの会計マネジメント

ここでは、投資とリターンの会計マネジメントの基本についておさらいをしておく。投資とリターンについては、単年度及び会社全体としての数値を管理する「縦」の視点と、投資の性格による区分で将来にわたって管理する「横」の視点の双方が重要である。

「縦」の視点としては、ＲＯＩＣやＲＯＡ、「横」の視点としては、戦略投資（※）については、投資利益率ＲＯＩといった経営指標が考えられる。また維持更新投資については、ほぼ計算できる投資であり事業ごとでなく総体として管理するため、ＲＯＩではなく、収益性に影響を与えるＱＣＤＳＥ（品質・コスト・納期・安全・環境）の切り口で、製品特性に基づき常時管理し、必要な対策を講じていくことが重要である。時には、法規制の動向等をにらみ、先行投資する場合があるが、その場合は、戦略投資として管理していくことになる。

※戦略投資には、戦略的な設備投資やＭ＆Ａ投資、マーケティング力や生産性向上のための情報システム投資、さらに知財やブランド等の無形資産への投資等が含まれる。

ＲＯＩは、個別投資ごとに目標と実績のモニタリングを継続することが必要であるが、どのような目算・根拠（戦略投資の中身や額、Ｍ＆Ａの方針等）をもって投資利益率の目標設定を行うのかという目標設定自体も重要である。その目標設定の際にポイントとなるのが、将来キャッシュフローの見積もりであるため、ここで補足しておきたい。

将来キャッシュフローの見積もりは、マネジメントの重要な役割である。見積もりは、売上、変動費、限界利益、固定費、営業利益、税引き後営業利益（減価償却費控除前）等の各要素科目別のキャッシュ金額と、割引率等に基づいて、将来キャッシュフローを算出する。ここでは、特に売上の留意点について述べておく。

投資とリターンの会計マネジメント：“縦”と“横”の管理

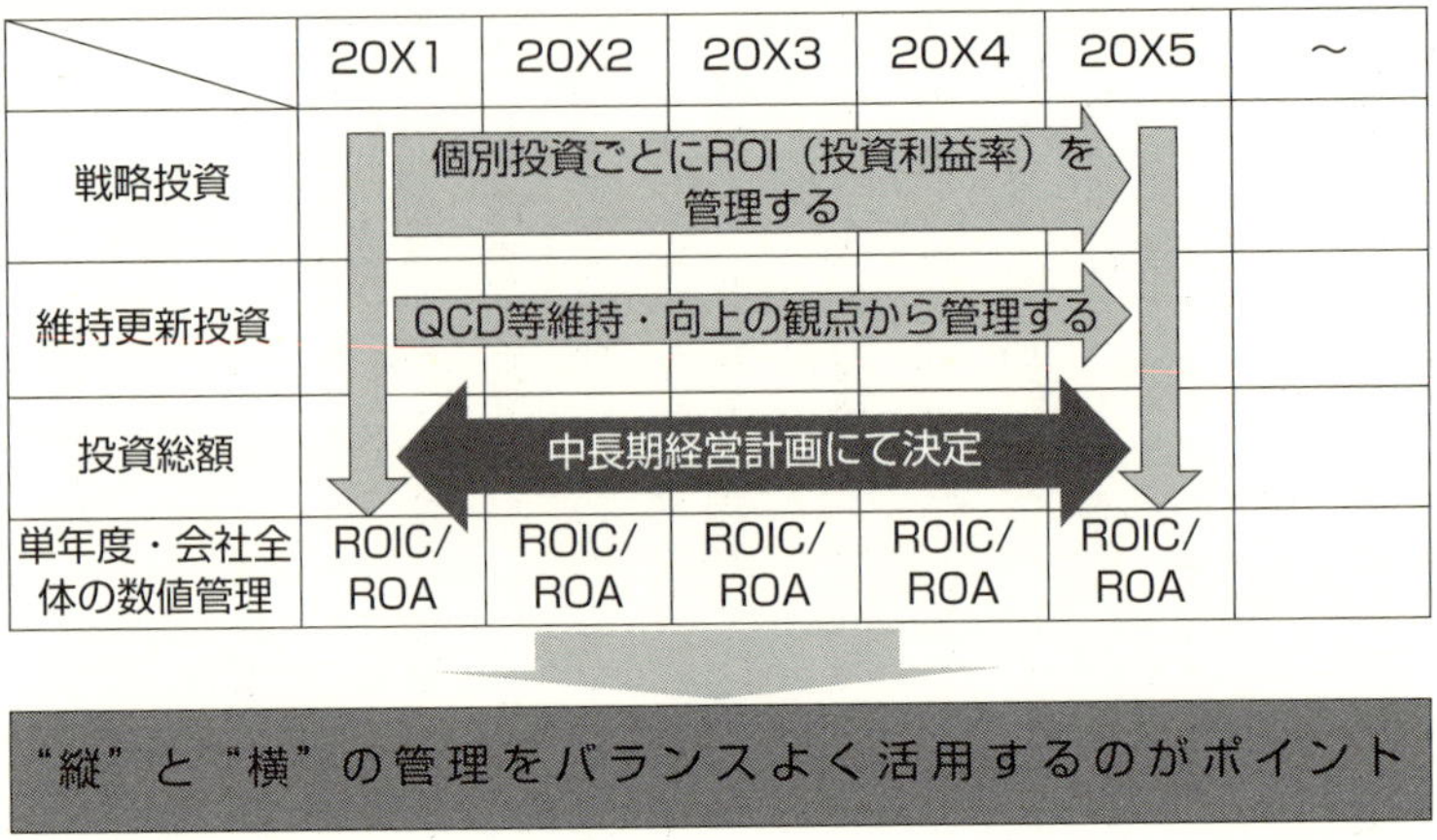

（＊ROI：Return on Investment）

売上は、第一に顧客をイメージして見積もることが重要である。業界⇒市場⇒顧客と限りなく顧客の顔がイメージできるくらいにし、最終的には顧客別・製品別に見積もれるよう積み上げる。

特に新規製品への投資の場合は、テストマーケティングの結果、顧客の購入意思の確認ができるくらいに顧客に入り込んだニーズ把握が重要となる。開発段階で顧客の意見を取り入れながら進めている場合は、見込みが立てやすい。

そして、上記積み上げたものに外部環境の変動要因リスク（不確実性のリスク）や必要に応じて正味運転資金の回転期間を可能な限り反映することにも留意が必要である。

さらに新規製品については、既存製品よりも粗利益率の目標水準を高く設定することから、割引率（資本コスト）は、既存製品の事業の投資利益率（事業ROIC）よりも高いレートを設定すべきである。これがハードルレートといわれる所以である。

投資とリターンの会計マネジメント（循環図）

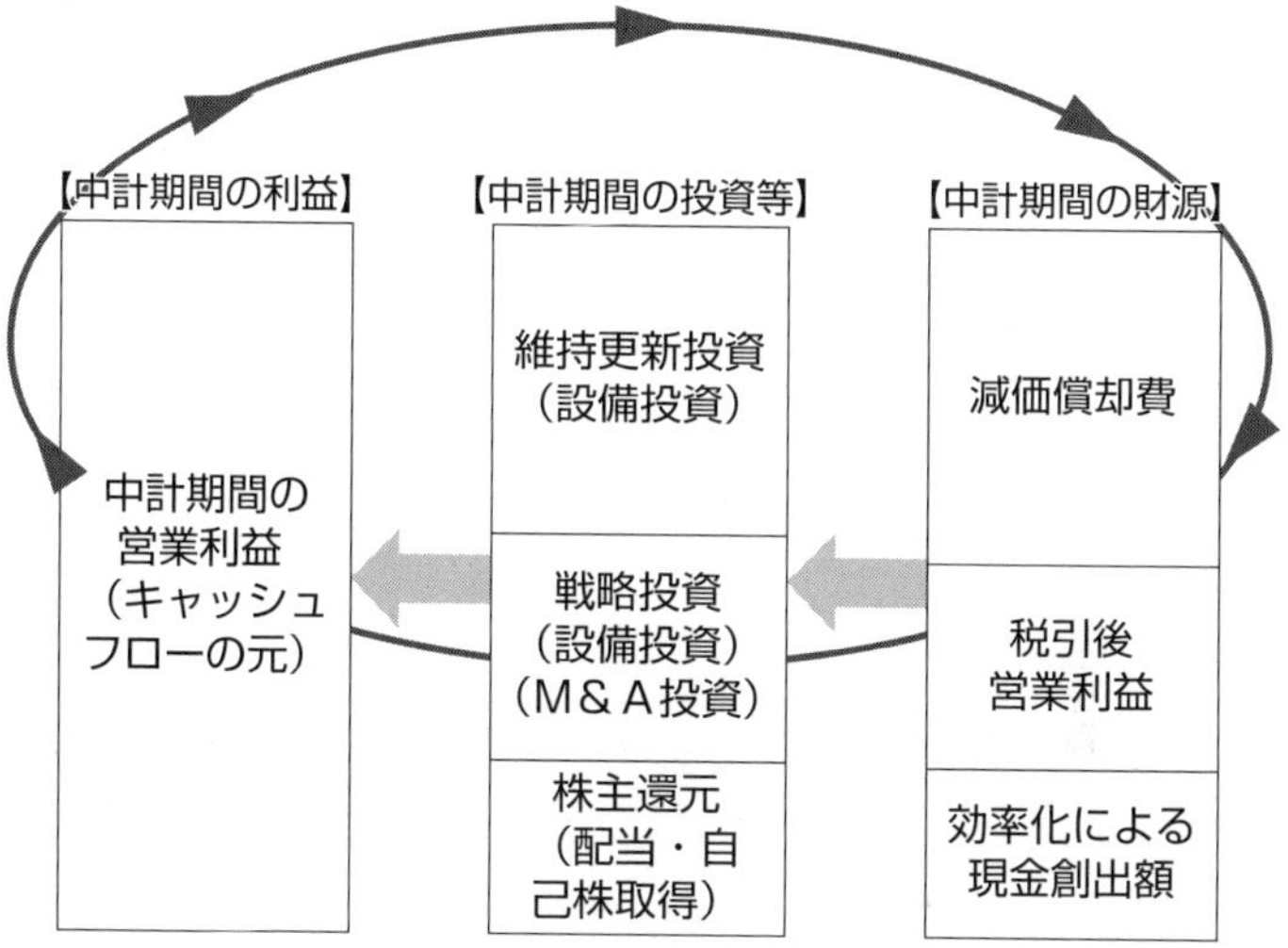

限られた経営資源（投資枠）をどこに（市場・製品等）投入するのかによって得られるリターンが決まるため、投資の意思決定（投資総額の決定と戦略分野ごとの投資金額の決定）は、経営上最も重要な意思決定といえる。

また、投資総額の決定にあたっては、その財源を十分検討することも必要である。財源として、簡易営業キャッシュフロー（税引き後営業利益＋減価償却費）に効率化による現金創出額を加えた額とする場合がある（現金創出額の例としては、運転資本の圧縮によるもの、政策保有株式の売却等があげられる）。

上に、投資と財源の観点からの、循環図を示す。

6 経営資源の最適配分に貢献するROIC経営

経営資源の最適配分を考える上で、簡単な事例

どちらの事業が効率よく稼いでいるか？（儲けの尺度は何か？）

	売上	営業利益	営業利益率
A事業	1,000	70	7%
B事業	1,200	60	5%

経営資源はどのように使われているのか？

現状の経営資源の配分状況は？　営業利益率 vs 投下資本利益率

	売上	営業利益	営業利益率	事業への投資（投下資本）	投下資本利益率	投下資本回転率
A事業	1,000	70	7%	1,200	5.8%	0.83
B事業	1,200	60	5%	800	7.5%	1.5
全社	2,200	130	5.9%	2,000	6.5%	1.1

経営資源の配分を見直し⇒A事業に200追加投資Ⅰ

	売上	営業利益	営業利益率	事業への投資（投下資本）	投下資本利益率	投下資本回転率
A事業	1,162	81.3	7%	1,400	5.8%	0.83
B事業	1,200	60.0	5%	800	7.5%	1.5
全社	2,362	141.3	6.0%	2,200	6.4%	1.07

で説明する。右上図を参照いただきたい。

一見、A事業の方が、利益（率）が高く、儲かっているようにみえるため、この情報だけでは、A事業への投資を増やしていくという判断になるかもしれない。そこで、経営資源が、A事業、B事業にどのように投入されているかを示したのが、右下の図である。

この図からわかることは、B事業の方がA事業よりも回転率が高い（資本を効率よく使っている）ため、投下資本利益率は、B事業の方が高くなっていることである。

では、このような状況にある中で、経営計画上どのような投資計画をするのがよいか以下で考える。A事業、B事業のどちらも設備更新に時期を迎えているが、投資財源の制約があり、いずれか一方への投資という仮定を置く。まず、A事業に追加投資をした場合、Ⅰのような結果になる（上図）。

次に、B事業に追加投資した場合は、Ⅱのような

経営資源の配分を見直し⇒B事業に200追加投資Ⅱ

	売上	営業利益	営業利益率	事業への投資（投下資本）	投下資本利益率	投下資本回転率
A事業	1,000	70	7%	1,200	5.8%	0.83
B事業	1,500	75	5%	1,000	7.5%	1.5
全社	2,500	145	5.8%	2,200	6.6%	1.14

結果になる（上図）。

これらの比較事例から言えることは、営業利益率が高い事業よりも投下資本利益率が高い事業により経営資源を配分した方が営業利益は大きくなるということである。

いくらA事業の営業利益率が高く収益性が高いとしても、会社全体での経営資源の最適配分を考える上では、営業利益率ではなく、投下資本利益率を投資の判断基準にすべきである。他の事業と比べて営業利益率が低くても、資産回転率の高い事業（投下資本利益率が高い事業）への投資を増やすと全体の利益は増える。資産回転率が高いのも競争優位とい え、購買、製造、販売等の活動で他社との違い（独自性）をつくっているからである。

この事例で言えることは、営業利益率と営業利益はトレードオフの関係にあるということである。つまり営業利益率を高めたいのであれば利益率の高いA事業に投資する判断になり、営業利益を高めたけ

ROIC（投下資本利益率）の実現ツリー

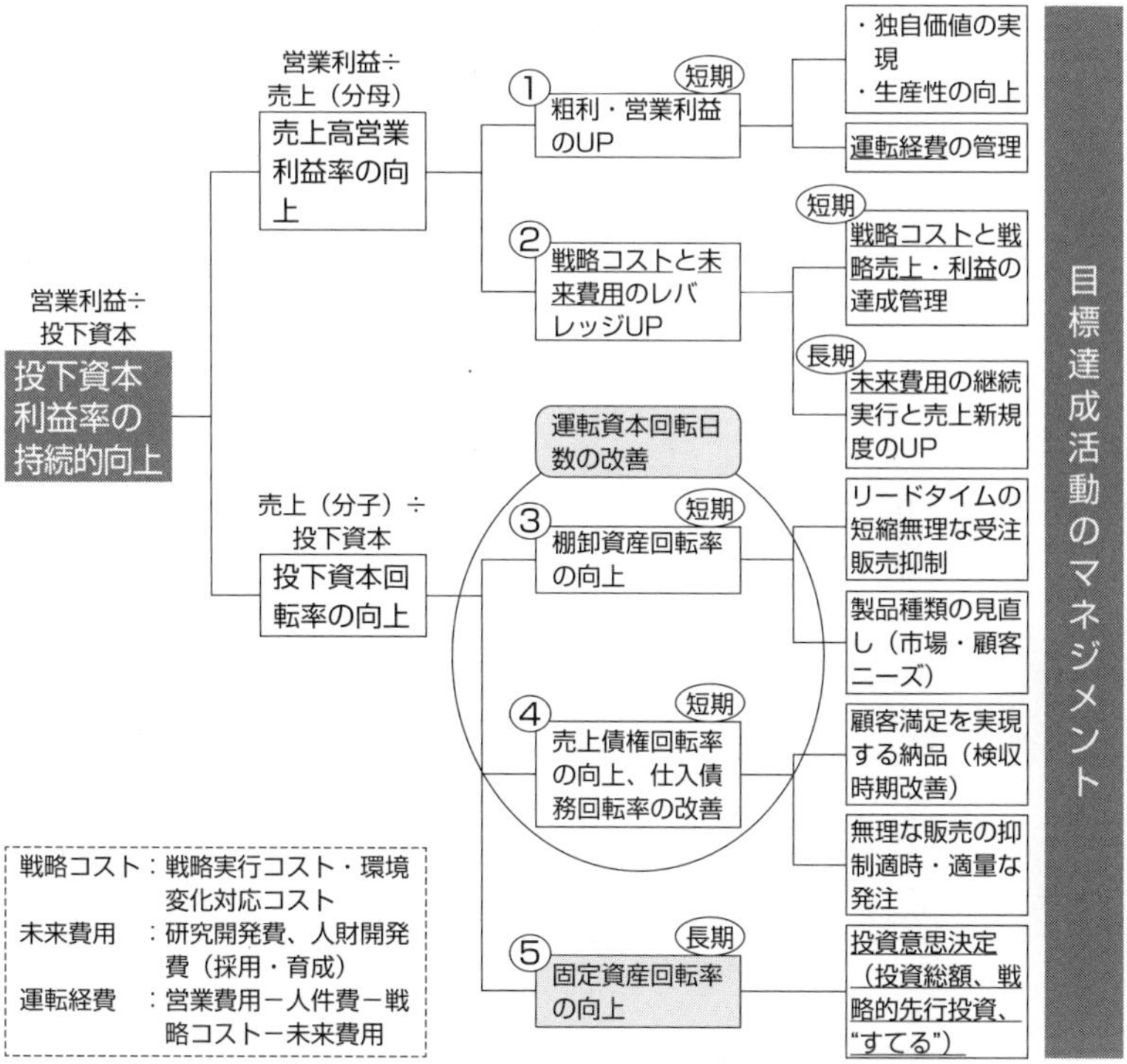

れば投下資本利益率の高いＢ事業に投資する判断になる。前者のような判断にならないよう、経営指標の適用には十分留意が必要である。

以上、営業利益を最大化する取組みとしては、以下が考えられる。

・まず、製品のプロダクトミックスの見直しによる粗利益の最大化を行う。

・次に、事業間における経営資源の再配分を行い、営業利益の最大化を行う。

この項では、経営資源の最適配分を実現する観点でＲＯＩＣが有効な経営指標であることを述べてきた。

では、このROICの目標水準をどのように実現していくのか、ROICを構成する要素に分解し、第3章目標マネジメントで解説した未来費用や戦略コスト、さらには運転資本の回転日数等を反映したツリーをこの項の最後に紹介する（前ページ図）。

ROICは、中長期の経営計画期間における投資総額や戦略投資、さらには一定水準の未来費用等の結果であるので、たとえ微増で時間を要しても持続的に向上していくことが望ましい。

7 分配政策と成長戦略は表裏の関係

最後の項では、投資によって得られた利益（リターン）の分配について述べてみたい。

まず、付加価値の分配について述べる。

付加価値の分配については大まかな分配方針（主に人件費、株主配当、剰余金）を設定しておくことが望ましく、後々結果を検証できるように、分配結果（分配率※）については、経年で記録を取ることが重要である。また、その年度のトピック（競争激化による利益減少、戦略投資の実行等）も合わせて記録しておく。例えば、利益減少局面における労働分配率が高くなる傾向がある（人件費は一定水準を維持）。

※分配率：人件費（労働分配率）、株主配当、減価償却費（設備投資）、地代・賃料、支払利息、税金、内部留保（剰余金）といった各項目（人・もの・カネ）が付加価値に占める割合。

次に、当期利益の分配について述べる。

当期利益の分配については、株主配当以外は利益剰余金として将来投資財源、リスク・危機対応財源として確保しておくことが一般的である。従業員決算賞与は当期利益予想ができたところで決算に織り込むため、事前分配という認識もできる。

当期利益確保は、株主配当原資が目的としてクローズアップされるが、本質は分配論である。会社はだれの者か、実質的には、みんなのもの（ステークホルダーのもの）という考え方がある。会社法の定めがあるため、優先順位としては、まず株主に分配し、残りを従業員、会社にどう分配するのかを検討する。従業員については、上記に述べた通りであるが、会社への分配は、将来のための投資財源、リスク・危機対応財源として行われる。

株主配当と会社への分配は、長期的な成長戦略の問題でもある。株主配当に積極的な企業の中には、総還元性向（自社株買いと配当の合計額が純利益に占める割合）の目標を非常に高い水準（80％～100％）で設定している企業もある。ただそのような企業も最近では、総還元性向を50％程度にすることを新たな中期経営計画で定めている。これは、今後は積極的な成長投資と株主還元の両輪で長期的な成長を目指す方針によるもので、ＲＯＥも株主還元だけによらず、積極的な投資による成長を目指した上での長期的視点での目標を掲げている。

ちなみに、平成27年度生命保険協会調査「株式価値向上に向けた取り組みについて」によれば、投資家が考える中長期的に望ましい配当性向は、30％以上40％未満の水準と記載されており、40％以上とならなかったのは、多くの投資家が、競争優位性を築くための成長投資の実行を期待しているためであると思われる。

このように分配政策は成長戦略と表裏の関係にあるため、配当性向や総還元性向の方針・目標設定は、成長投資の計画とセットで検討することが重要である。

なお、株主への分配を検討する際、長期視点での持続的成長に理解を示す長期保有の株主を優遇する株主優待制度が増えている（2016年は、優待制度を持つ企業は全上場企業の3分の1に当たる約1,300社あり、そのうちの2割が長期保有株主を優遇している）。

第3章目標マネジメントでも述べたが、中長期計画期間でのフリーキャッシュフローの獲得額に応じてボーナス的な配当を計画最終年度に実施すること等種々考えられるため、長期保有株主のメリットを幅広く検討していくことが大切である。

コラム

役員がおさえておくべき会計基準とその経営的視点
（減損会計、棚卸資産の評価基準、営業債権の評価基準）

本章で、減損会計の経営的意義を解説したことから、その他の会計基準についても以下に順を追って、経営的視点を説明する。

●簡潔な定義と趣旨を理解する

✓　減損会計とは、一言で言えば、

「収益性の低下により投資額の回収が見込めなくなった場合に、回収可能価額まで帳簿価額を減額する」ことである

⇓なぜ経営的にも重要なのか

「投資戦略（撤退）に直結するから」

✓　棚卸資産の評価基準とは、一言で言えば、

「将来、利益を生まない（儲けがでない）在庫については、正味売却価額による評価を行う」ことである

⇓なぜ経営的にも重要なのか

「売れる商品戦略に直結するから」

✓　営業債権の評価基準とは、一言で言えば、

「販売先への債権（売掛金等）については、回収可能額による評価を行う」ことである

営業債権の評価基準を経営的視点で活用する

営業債権の評価基準	一言	販売先への債権（売掛金等）については、回収可能額による評価を行う
1 与信管理の徹底	⇨	ターゲット業界の外部環境の分析（安定性、成長性等の分析）に活用
2 回収管理の徹底	⇨	回収状況や遅延状況を顧客満足度の総合的な分析に活用

棚卸資産の評価基準を経営的視点で活用する

棚卸資産の評価基準	一言	将来、利益を生まない（儲けがでない）在庫については、正味売却価額による評価を行う
1 正味売却価額によるチェック（正常品）	⇨	マーケットインの商品開発・価格戦略の検証に活用
2 正味売却価額の見積省略（正常品）	⇨	差別化商品戦略（ブランド戦略）の重要性の再認識
3 滞留品は、処分見込額による評価（規則的な簿価切り下げ）	⇨	滞留の原因分析と的確な対策（商品戦略の見直し・製販オペレーション改善等）

⇒なぜ経営的にも重要なのか
「ターゲット戦略に影響するから」

●次に会計基準の経営的視点での活用を理解する
減損会計については、すでに述べているため、これ以外の基準について図で説明する
営業債権の評価基準について、前図の上図❷について補足する。顧客の検収遅れによる回収遅延の場合（資金繰り以外の事情による場合）は、顧客満足度の総合的な分析に活用することができる。
棚卸資産の評価基準については、以下３点解説をしていく。
・１点目の正味売却価額によるチェックについて（正常品）
「棚卸資産の評価に関する会計基準」（以下、会計基準）によれば、❶正味売却価額は、「将来販売時点の売価から、見積追加製造原価及び見積販売直接経費を控除したもの」と規定されている。よって他社商品との差別化が図られ、価格競争力のある商品は、仕様変更等の追加の製造や多額の販売促進費をかける必要はないため、正味売却価額が原価を下回ることはなく一定の粗利益を出せる商品といえる。しかし正味売却価額が低下している商品は、商品価値・価格競争力が低下していると考えられるため、マーケット・顧客のニーズ（変化）を分析し、商品の改良や新製品の開発を検討することが必要となる。また市場における競争の状況によって販売促進費の水準が決まるため、マーケットインの商品開発とともに、販売促進費控除後の粗利益を最大化できるような価格戦略の検討も重要である。
・２点目の正味売却価額の見積省略について（正常品）
会計基準によれば「収益性が低下していないことが明らかであり、事務負担をかけて収益性の低下

の判断を行うまでもないと認められる場合には正味売却価額を見積もる必要はない」とされている。例えば、顧客が価値を認めているブランド品のように価格が長期安定している商品は、手間のかかる見積作業は省略できる。したがって、他社と差別化ができ顧客に価値を訴求できるような独自性のある商品を開発・販売していることがポイントとなる。

・3点目の滞留品評価への対応について（滞留品）

一定の回転期間を超えている滞留在庫については、会計基準上、処分見込額による評価（規則的・段階的な簿価の切り下げ）が求められているが、経営的観点からは、滞留の原因を深く検討することが重要である。そもそも商品価値の陳腐化によるものか、あるいは、作り過ぎによるものか（製販のオペレーションの問題等）を十分吟味し、的確な対策を打つことが重要である。前者の陳腐化については、1点目と同様の対策（下線部分）の検討が必要になるが、大事なことは陳腐化になる前の段階で、その予兆を把握し、必要な対策を準備・着手することである。その意味で、正味売却価額のチェックのプロセスを活用して、顧客が認識している価値（提供できている価値）と実際の価格とのギャップの有無・乖離の程度を把握し、商品戦略の見直しを行うことが重要である。

7

第７章

持続的独自成長が目指すイメージと成長指標

持続的成長経営のイメージ

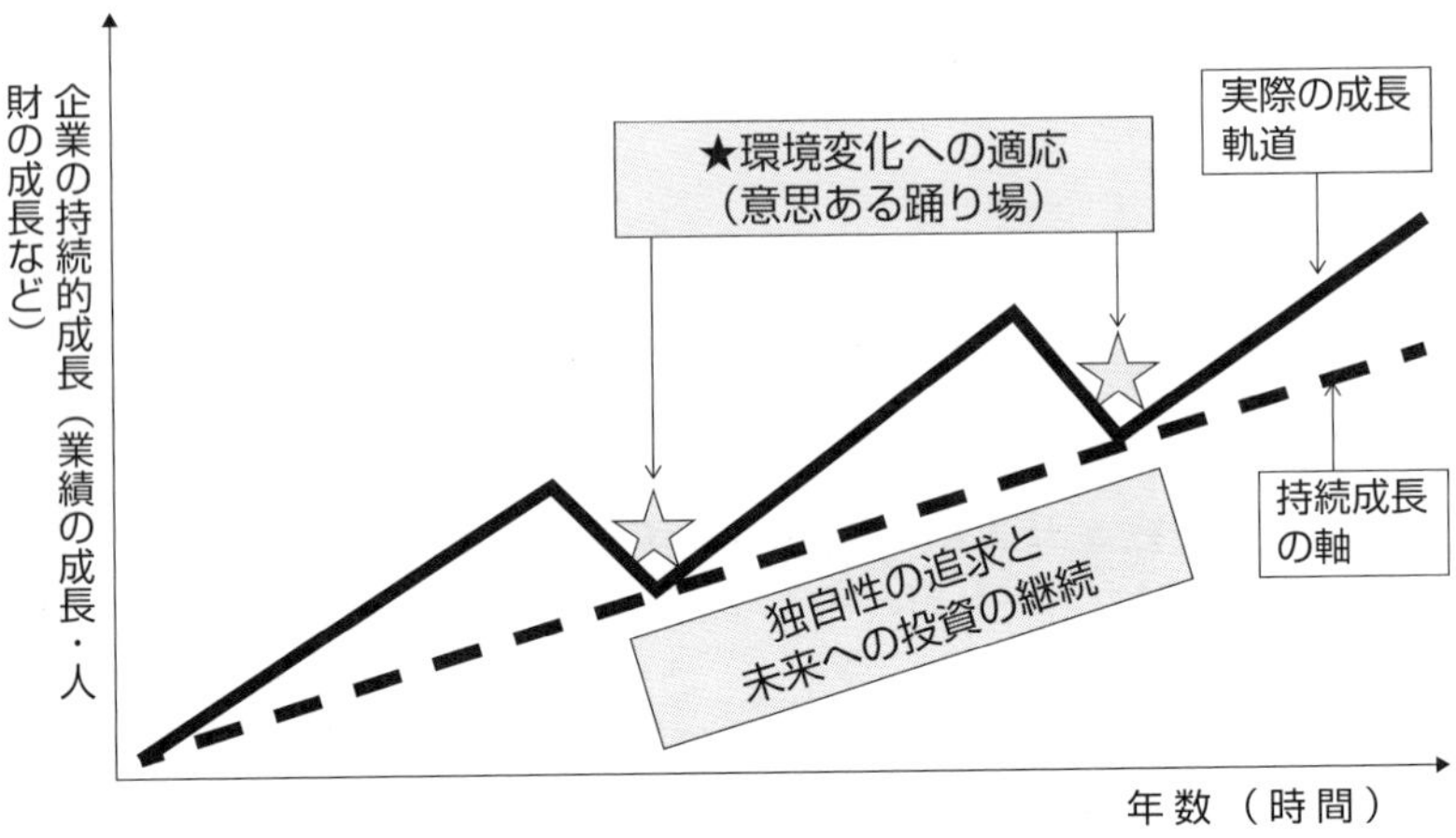

最後の章は、これまでの章を振り返りながら、はじめに述べた問題意識に戻り、持続的独自成長が目指す姿・イメージについて、述べてみたい。その上で、短期利益と長期利益をバランスさせる持続的成長指標（KPI：Key Permanent Indicators）について解説する。

1 持続的独自成長が目指す姿・イメージ

持続的独自経営が目指すイメージは、簡潔に述べると次のようになる。

環境変化により業績の変動はあるが、環境変化への適応（すてる&強みへの集中）によって、成長軌道に戻すことができている。そして弛みない独自性の追求と未来投資の継続により、持続成長のベースを創りあげていること（持続的成長の軸）が、持続的成長軌道から外れないようにしている。

図で示すと上図のようになる。

持続的成長（業績成長と人財成長）に導くＫＰＩ：マトリクスＡ

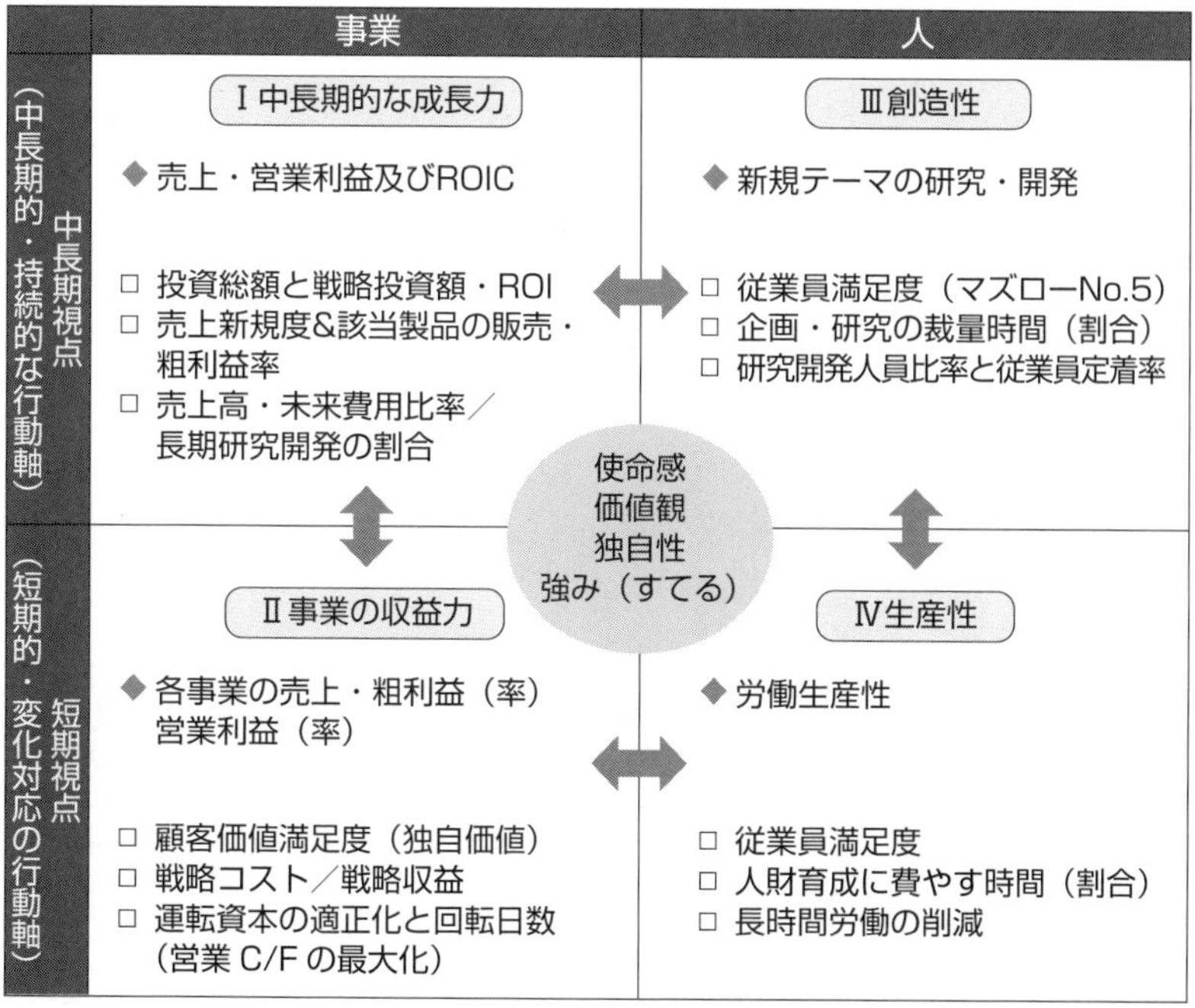

未来への投資とは、設備投資等の資産投資（第６章）、また、未来費用としての研究開発投資及び人財開発投資（第３章、第４章、第５章）である。

2 持続的成長指標ＫＰＩ（マトリクス）

本書のこれまでの章に登場した持続的成長指標ＫＰＩを、短期と長期、事業と人の４象限でとりまとめたものが、上図マトリクスＡになる。

事業と人の軸に分けたのは、持続的成長が、業績成長（事業）と人の成長の両面から成り立つものであり、かつ、人の成長を「生産性」の向上と「創造性」の発揮という２つの観点で捉えていることを示すためである。

なお、社会や環境といった価値観に関するＫＰＩは、中長期的・持続的な行動軸の中で表わすものとして位置づけている。

上記図の各項目の説明・趣旨等について、これまでの各章との関連性を示しながら、以下で解説をする。

✓4つの大テーマの構成は、「事業」として、「Ⅰ中長期的な成長力」、「Ⅱ事業の収益力」であり、「人」として、「Ⅲ創造性」、「Ⅳ生産性」である。
　持続的な業績成長を図ることにつながる大テーマは、「Ⅰ中長期的な成長力」である。

✓使命感、価値観は、経営の根幹であり、独自性と強み（すてる）は、持続的独自成長を成しとげるための根幹であるので、このマトリクスの中心に据えている。強みを活かして集中することは、「すてる」ことと表裏の関係にあるという意味で強み（すてる）と表記している。また、強みには、会社の強みだけでなく、社員の強みを活かして伸ばすという意味も込めている。
　これらは、Ⅰ～Ⅳの4つの領域全てに影響を与えるものであり、なくてはならないものである。

・強みに立脚した独自性は、基本戦略の実行を通じて、短期及び中長期の利益（Ⅰ・Ⅱ）やイノベーション（Ⅲ）、さらに付加価値（Ⅳ）をもたらす。
・すてることは、不採算製品の廃止等により収益力の向上（Ⅱ）につながり、過剰な製品・サービスや業務の廃止、無駄の排除等により、生産性の向上（Ⅳ）（投入時間の削減）につながる。

✓◆は4つの大テーマのメインのＫＰＩであり、□印の項目は、それを達成するためのサブＫＰＩ

である。なお、このサブのＫＰＩは例示であり、すべてを網羅しているわけではない。企業の方針・状況によって独自のＫＰＩを設定することが重要である（例：「長時間労働の削減」に関連して、「有給休暇取得率の向上」を追加することも考えられる）。

✓「Ｉ中長期的な成長力」を表わすＫＰＩは、中長期にわたる売上・営業利益（中期経営計画期間累計）とその結果としてのＲＯＩＣであり、第３章目標マネジメントで説明している。

また、これらのＫＰＩを達成するために必要なサブＫＰＩは、投資とイノベーションであるため、これに関連する３つの指標を示している。

・投資総額（※１）と戦略投資：第６章投資で説明

・売上新規度及び該当製品の販売・粗利益率（※２）：第５章イノベーションで説明

・売上高・未来費用比率と長期研究開発の割合：第５章イノベーションで説明

※１　投資総額は、中長期の計画期間における設備等の有形・無形資産投資・研究開発投資である。また、資産投資は、戦略投資等の先行投資を含み、かつ、事業ポートフォリオの最適化を前提としたもので、質を伴った投資額という趣旨である。

※２　該当製品の粗利益率とは、新製品の粗利益率、新工法等によりコストダウンした製品の粗利益率等をいう。該当製品の販売には、社会的課題の解決につながるものも含まれる。

✓「Ⅱ事業の収益力」を表わすＫＰＩは、各事業の売上・粗利益（率）・営業利益（率）であり、第３章目標マネジメントで説明している。

また、このＫＰＩを達成するために必要なサブＫＰＩは、いずれも当期及び翌期の売上・利益に貢献するため、これに関連する３つの指標を示している。

・顧客価値満足度（独自価値）：第3章目標マネジメントで説明
・戦略コストの実行と戦略収益の獲得：第3章目標マネジメントで説明
・運転資本の適正化と回転日数：第3章目標マネジメントで説明
なお、運転資本の回転日数の管理は、その改善を通じて、営業キャッシュフローの向上につながるため、「Ⅰ中長期的な成長力」のゾーンで説明した戦略投資の財源として貢献するものである。
✓「Ⅲ創造性」を表わすKPIは、新規テーマの研究・開発であり、第5章イノベーションで説明している。新規テーマの研究・開発は、新サービスの開発、新製品や新工法の研究・開発等をいう。
また、このKPIを達成するために必要なサブKPIは、いずれも人の視点が重要であるため、これに関連する3つの指標を示している。
・従業員満足度：第4章人財で説明（マズローNo.5は、自己実現の欲求である）
・企画・研究の裁量時間：第5章イノベーションで説明
・研究開発人員比率と従業員定着率：第5章イノベーションで説明
✓「Ⅳ生産性」を表わすKPIは、労働生産性であり、第4章人財で説明している。
また、このKPIを達成するために必要なサブKPIは、付加価値を生み出す人の満足度（やる気）の向上や人財育成による生産性の向上が重要であるため、これに関連する3つの指標を示している。

・従業員満足度：第４章人財で説明（３つの報酬の他に、マズローNo.４の自我・自尊の欲求の充足も含まれる）
・人財育成に費やす時間（割合）：第４章人財で説明
・長時間労働の削減：第４章人財で説明
✓サブＫＰＩの間でも、相互関連性がある。
・一定の研究開発費比率の継続と戦略投資は、売上新規度につながっている。（Ⅰ）
・従業員満足度が向上すれば、従業員の定着率の向上につながる。定着率が向上すれば（退職者が減少すれば）、人手不足の解消につながり、長時間労働の削減につながる。（Ⅳ）
✓中長期のテーマに取り組むと必然的に短期の成果にもつながる。
・革新的な新製品（機械等の生産財）を開発しそれを活用・普及（戦略投資）すれば、労働生産性（短期）は向上する。（Ⅰ⇒Ⅳ）
・粗利益率の目標を定めた新製品の売上を増やしていけば（売上新規度を向上させれば）、各事業の粗利益率（短期）は高くなる。（Ⅰ⇒Ⅱ）
✓４つのコーナーは互いに関連しあっている
・環境変化への適応と収益力の向上により、営業キャッシュフローを獲得できれば、戦略投資や研究開発費の財源になる。（Ⅱ⇒Ⅰ）
・新製品の研究が進み開発が成功すれば、戦略投資により新製品の売上が実現・増加する（売上新規度の向上）。（Ⅲ⇒Ⅰ）

・生産性が向上すれば、粗利益・営業利益の増加につながる。（Ⅳ⇒Ⅱ）
・生産性の向上により時間を創出すれば、顧客満足のための活動や、研究開発活動に時間を使うことができる。（Ⅳ⇒Ⅱ、Ⅳ⇒Ⅲ）

次に、上記のＫＰＩを、持続的業績成長を目的として、整理し直したものが、下記のマトリクスＢになる。各章のタイトル等に登場したテーマを長期・短期の時間軸でとりまとめたものである。

（４象限のテーマ）
中長期視点：「投資」（第６章・第３章）と「イノベーション」（第５章）
短期視点　：「環境変化適応力」（第３章）と「生産性」（第４章）

「生産性」は、マトリクスＡのⅣそのものであり、「投資」と「イノベーション」は、ⅠとⅢを組み直したものである。また「投資」には、事業への投資と人への投資（雇用）の両方を含んでいる。

「Ⅱ事業の収益力」のＫＰＩの中の、戦略コスト、運転資本の回転日数改善（営業キャッシュフローの増加）は環境変化への適応そのものであり、Ⅳの労働生産性は、環境変化に迅速に対応するための備えにもなるので、これらをまとめて「環境変化適応力」というテーマを設定している。

なお、Ⅱの収益力のＫＰＩの中の顧客価値満足度（独自性）は、中心テーマの独自性を具現化するものであるので、独自性に含めて捉えている。

このようにマトリクスＢに再整理することにより、持続的業績成長のためのキーとなるテーマを明確にすることができ、また人の視点に関するＫＰＩが、各領域に融合し持続的業績成長に寄与するこ

持続的業績成長のＫＰＩ：マトリクスＢ

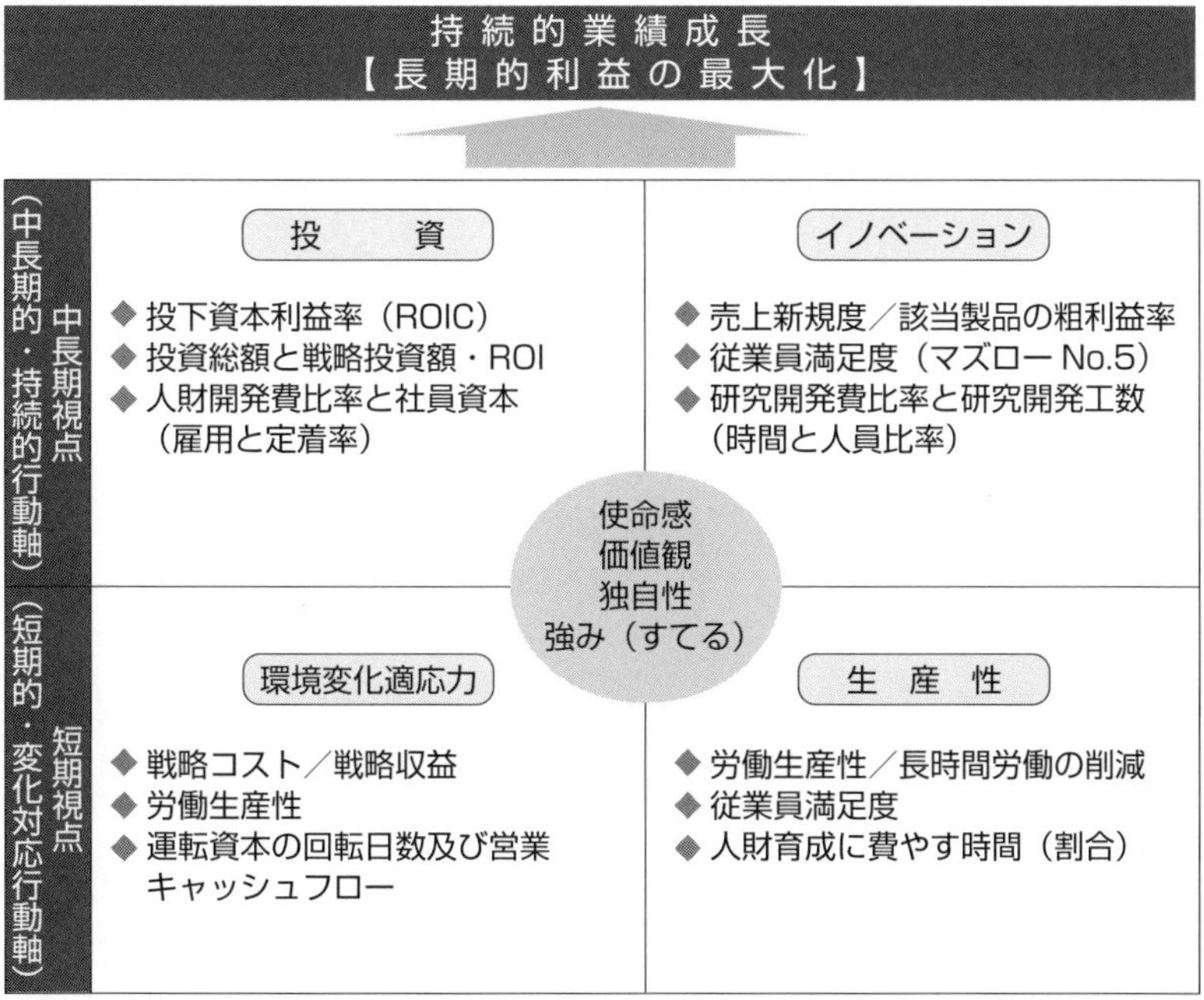

とを再確認することができる。

ここで、環境変化適応力について、中心に掲げた「強み（すてる）」との関係を振り返りながら、持続的成長とのつながりを整理しておきたい。

まず、既存事業に大きな影響を与えるような変化が生じた場合は、迅速かつ的確な対応を行うことが重要である。つまり、短期の利益を犠牲にしても翌期以降中長期の利益を獲得するための構造改革を断行することであり、それが戦略コストの実行と戦略収益の獲得行為となる。

一方、環境変化により生じる成長機会があれば逃さずにキャッチし自社の事業機会に取り込むことが重要である。逆に、環境変化によって陳腐化するものがあれば躊躇せずにすてる決断をすることが重要であることも述べてきた。

このように環境変化への適応は、成長のプロセスにおける重要な役割を果たすものと言える。

すなわち、環境変化に対して、

「過剰なもの・陳腐化したものはすてる」

「新たな成長機会を逃さず取り込む」

「その機会に適合する強み（資源）を充てる」

「さらなるイノベーションを実現する」

これらを一連の流れ・行動規準として常に経営に組み込んでおき、組織的に実行することが重要だ。そのためには、変化が生じたら機敏に対応できる組織体制を構築しておかねばならない。

また逆に言えば、成長機会を見つけたらすぐに十分な経営資源を投入できるよう、陳腐化するところに貴重な資源が投入されて制約要因とならないように、適時に「すてる」を実践しておくことが大事である。

「すてる」ことが実践できている状態は、過剰なものに時間をとられることがないため、生産性向上のための環境整備と位置づけことができる。

最後に、序章で取り上げたマッキンゼー・グローバル・インスティテュートの調査報告「短期主義の経済的影響の測定」の概要を改めて紹介する。

本報告の結論は、長期志向の企業の方が、短期志向の企業よりも、対象期間（2001年から20

１５年）における累積売上・累積利益がともに上回ったということであった。その理由は、長期志向の企業の方が、機敏で大胆、かつ、投資額や雇用が多くてその配分がうまいとのことであり、具体的には以下の通りである。

累積売上は、長期志向企業の方が短期志向企業よりも47％高く、売上変動幅も小さい。また、累積利益も36％高く、経済利益（ＥＶＡ）では長期志向企業の方が81％も高かった。さらに、投資動向では、長期志向企業の方が、投資額が50％多く、雇用の面でも、長期志向企業の方が、１社平均の従業員増員数が、短期志向企業に比べて１２，０００人多かったという。

米国と日本では、産業構造や労働環境等が異なるため、報告内容がそのまま日本企業に当てはまるかは定かでないが、長期利益の最大化を実現するためには、長期志向、つまり、長期スパンを対象とした投資とリターンの会計マネジメントを行うことが、理に適っていると考えられる。上記２つのマトリクスとの関連性については、累積売上・累積利益と投資額は、マトリクスＡのＩゾーンの中長期的な売上（期間累計）・営業利益（期間累計）と投資総額に関連し、従業員増員数（雇用）は、マトリクスＢの「投資」（社員資本）に関連している。また、機敏は「環境変化適応力」、大胆さは「投資」（戦略投資）に関連している。

以上が、持続的成長に関するＫＰＩについての説明である。

長期と短期のバランス取り方は、業種やその時の経営環境によっても異なると思われるが、何よりも、経営者の考え方によって決まるものであり、絶対的な解はない。

本書では、これらのマトリクスを活用することにより、長期視点を堅持した上で環境変化に適応しながら短期と長期のバランスを図り、業績と人の両面での持続的成長、さらに業績面で長期利益の最大化を実現されることを期待する。

8

第 8 章

まとめ

本書の序章で次のような提言を行った。

「そもそも成長とは何か、持続的成長とは何かという本質に迫り自社なりの持続的独自成長のポリシーをもつことが重要である」

「持続的独自成長のポリシーと企業の価値観が明確にある企業こそが持続的成長と不正防止の両方を実現できる」

そして、

「企業は、持続的独自成長のポリシーを明確にすることで、自らが信ずる持続的成長路線を堂々と歩むことができるのである」と。

まとめとして、本書を振り返り、持続的独自成長のポリシーを明確にする際の検討事項を示す。

（＊）は、不正防止に関する留意箇所である。

① 企業の価値観と持続的成長の定義（序章・第1章）
両者は密接に関連したもので車の両輪である。

企業の価値観は、不正を防ぐ役割（＊）もある。

② 強みと独自性追求の考え方（第2章）
どんな強みを活かしどんな独自性を追求するのかという深度ある考え方である。

③ 使命感に基づく事業領域のレビュープロセス（第2章）
これに関するガバナンスがしっかり効いているかが重要である。

事業領域から外れた戦略事業は、目標必達が重視され、経営のコントロール困難な過度な規模拡大により、多額の損失計上と絡み合う会計不正の誘因（＊）となる。

④　短期利益と長期利益をバランスさせる持続的な業績成長の考え方（第3章）
ポイントは、短期利益は最適化・長期利益を最大化という考え方である。

短期利益の最大化は、持続的業績成長（長期利益の最大化）を阻むのみならず、不正を引き起こす誘因（＊）となる。

⑤　経営指標設定の考え方（第3章）
持続的成長と不正防止（＊）に導く経営指標の設定が重要である。

⑥　ビジョン実現のための逆算経営（第3章）
逆算経営の有効な手段として、中期経営計画の位置づけの明確化と活用が重要である。

また、その過程においては、環境変化に適応しながら（戦略コストの実行）、未来のための投資（未来費用）を継続することがポイントとなる。

⑦　人財の成長を「成長」と定義する価値観（第4章）
強みを活かした人財の育成と生産性の向上が重要である。

⑧　イノベーションを実現する企業文化と推進する仕組み（第5章）
多様性と「すてる」ことをためらわない進取の文化、推進指標が重要である。

⑨　成長の命運を握る投資戦略の要諦（第6章）
迅速・果断なリスクテイクと最適な資源配分を実現する事業ポートフォリオのレビューが重要である。

⑩　永続的な発展を実現するための持続的成長KPIの設定（第7章）

短期視点と長期視点のバランス、人と事業の両方の成長を実現するためのKPIマトリクスの設定が重要である。

改めて、持続的成長の中でも、独自成長にこだわった理由は、下記の通りである。

・強みに立脚した経営を実践することができるため。

強みを活かして伸ばす経営、強みに集中する戦略が、真の意味で持続的成長を実現する。

・強みを活かす経営は、使命感に基づく経営にほかならない。

・量と達成スピードを重視した高成長を御旗に掲げる経営は、長続きせず、行き詰るリスクがある。つまり、過度な高成長経営は、成長自体が目的化されることによる使命感やビジョンの希薄化、規模優先による使命感・事業領域からの逸脱、果てしない成長疲れによる組織の疲弊、さらには規模や短期利益重視による不正の勃発の恐れがある。

一度失った信用を取り戻すには長い年月と人々の莫大な労力やコストがかかる。まさに、信用を失うのは一瞬であるが、取り戻すのは一生である。

さらに言えば、過度な成長経営と好対照なのは、序章で紹介した伊那食品工業・塚越会長が標榜する年輪経営である。使命感（経営理念）に満ちあふれた経営は、売上・利益の飽くなき達成欲にかられた経営に対して、無欲に通じるものがある。そのような心持ちで持続的成長を目指す長期視点の経営は、短期視点の経営に比べ、長い目でみれば、結果として残るお金は多くなるのではないか。改めて「無欲：一万両」という言葉の重みをかみしめることが大切である。

持続的独自成長のポリシーは、それ自体を単独で作成することも考えられるが、基本的には、上記①～⑩の事項を検討した結果を中長期経営計画等に反映し、開示することが望ましい（＊）。これによって、株主との長期視点による建設的かつ真摯な対話ができるからである。

上場企業は、蓄積してきた強みと収益を生み出すビジネスモデルを確立している。これに、持続的独自成長のポリシーを明確化し実践することによって、持続的な業績成長と人財成長、そして、価値観に基づく長期的な企業価値の向上を確かにものにされることを期待したい。

参考までに、持続的独自成長のポリシーの基本的要素を以下に示す。

ⅰ　当社が考える企業の価値観
ⅱ　当社が考える持続的成長の定義
ⅲ　持続的成長を果たす上で当社が目指している独自性の主な項目・概要
ⅳ　持続的独自成長を実現するために核となる重要なテーマ
ⅴ　持続的独自成長を実現するために必要なＫＰＩ（上記重要テーマごとのＫＰＩ）

コラム

（参考情報）

コーポレートガバナンス・コードと本書との対応関係

改めて、コーポレートガバナンス・コードの目的は以下の通りである。

「企業の持続的な成長と中長期的な企業価値の向上に資すること」

筆者は、コーポレートガバナンスには大きく４つの要素があると考え、４大要素の重要性を紹介している。

４大要素は、英語の頭文字をとって、ＳＣＲＭ（スクラム）と呼称している。

・基本戦略：Strategy

・コンプライアンス：Compliance

・リスクテイク／リスクマネジメント：Risktake/ Riskmanagement

・使命感（経営理念）：Mission

以下は、経営を船の航路にたとえたＳＣＲＭ（スクラム）の説明である。

企業経営は、船の航海に譬えることができる。船底は企業の使命感（経営理念）・コンプライアンス・社員のロイヤリティである。ここがベースでありこれが崩れると沈没要因になる。

船上での対応はリスクマネジメント／リスクテイクである。荒波等の悪天候や航路を妨げる船（競合等外部環境の変化）等がリスクである。リスクに的確に対応しなければならず、また戦略的にリスクテイク（迅速・果断な意思決定）することも必要である。そして、ゴール（ビジョン）に辿り着くために、どのよ

ガバナンスの四大要素 SCRM

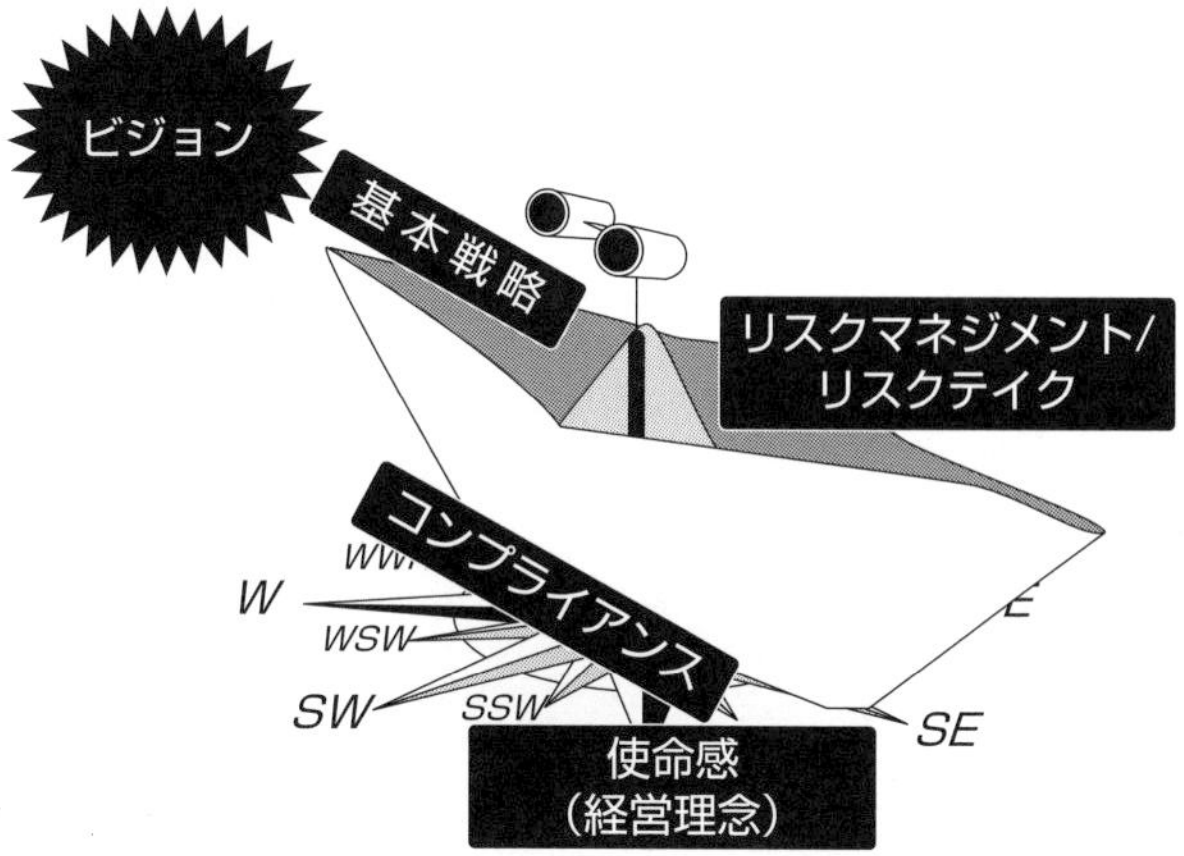

うな航路（顧客と製品）を選択するのかを決めるのが基本戦略である。

上記のような趣旨をふまえ、コーポレートガバナンス・コードの概要と、コードの項目のうち本書で関連する内容を記載している項目を参考までに整理しておきたい。

コーポレートガバナンス・コードの概要

基本原則１．【株主の権利・平等性の確保】
基本原則２．【株主以外のステークホルダーとの適切な協働】
基本原則３．【適切な情報開示と透明性の確保】
基本原則４．【取締役会等の責務】
基本原則５．【株主との対話】

このうち本書で関連する内容を記載したのは、主に、基本原則４．【取締役会等の責務】と基本原則５．【株主との対話】である。

以下に、基本原則４．と基本原則５．の内容と本書記載事項との対応関係を記載する。

▼基本原則４．【取締役会等の責務】

上場会社の取締役会は、株主に対する受託者責任・説明責任を踏まえ、会社の持続的成長と中長期的な企業価値の向上を促し、収益力・資本効率等の改善を図るべく、

① 企業戦略等の大きな方向性を示すこと

② 経営陣幹部による適切なリスクテイクを支える環境整備を行うこと

③ 独立した客観的な立場から、経営陣（執行役及びいわゆる執行役員を含む）・取締役に対する実効性の高い監督を行うこと

をはじめとする役割・責務を適切に果たすべきである。

こうした役割・責務は、監査役会設置会社（その役割・責務の一部は監査役及び監査役会が担うこととなる）、指名委員会等設置会社、監査等委員会設置会社など、いずれの機関設計を採用する場合にも、等しく適切に果たされるべきである。

〈本書記載事項との対応関係〉

なお、下記のガバナンスコードの項目は、取締役会の役割・責務に関する項目のみを記載している。

ガバナンスコードの項目	骨子（主な項目・内容）	本書の記載事項（ページ）
原則4－1. 取締役会の役割・責務(1)	会社の目指すところ（経営理念等）を確立し、戦略的な方向付け 具体的な経営戦略や経営計画等について建設的な議論	使命感・価値観（p.16～） 基本戦略（p.44～） 中期経営計画の活用（p.61～）
原則4－2. 取締役会の役割・責務(2)	経営陣幹部による適切なリスクテイク（迅速・果断な意思決定） 独立した客観的な立場において多角的かつ十分な検討	リスクテイクの判断基準（p.164～） 会議での意思決定の原則（p.161～）

原則4－3． 取締役会の役割・責務(3)	取締役会は、独立した客観的な立場から、経営陣・取締役に対する実効性の高い監督を行うこと	事業領域のモニタリング（p. 35～） 事業ポートフォリオの評価（p. 175～） 事業・製品の廃棄（p. 169～）
原則4－6． 経営の監督と執行	取締役会による独立かつ客観的な経営の監督の実効性を確保	同右
原則4－12． 取締役会における審議の活性化	取締役会は、社外取締役による問題提起を含め自由闊達で建設的な議論・意見交換	会議での意思決定の原則（p. 161～）

▼基本原則5．【株主との対話】

上場会社は、その持続的な成長と中長期的な企業価値の向上に資するため、株主総会の場以外においても、株主との間で建設的な対話を行うべきである。

経営陣幹部・取締役（社外取締役を含む）は、こうした対話を通じて株主の声に耳を傾け、その関心・懸念に正当な関心を払うとともに、自らの経営方針を株主に分かりやすい形で明確に説明しその理解を得る努力を行い、株主を含むステークホルダーの立場に関するバランスのとれた理解と、そうした理解を踏まえた適切な対応に努めるべきである。

〈本書記載事項との対応関係〉

ガバナンスコードの項目	骨子（主な項目・内容）	本書の記載事項（ページ）
原則5－1．	株主からの対話（面談）の申込みに対しては、会社の	持続的成長ポリシーの説明

株主との建設的な対話に関する方針	持続的な成長と中長期的な企業価値の向上に資するよう、合理的な範囲で前向きに対応	とそれを通じた対話（p. 211〜）
原則5－2. 経営戦略や経営計画の策定・公表	収益力・資本効率等に関する目標を提示し、その実現のために、経営資源の配分等に関し具体的に何を実行するのかについて、株主に分かりやすい言葉・論理で明確に説明	3つの資本効率（p. 82〜） 経営資源の最適配分を実現する事業ポートフォリオの分析（p. 175〜）

コラムの最後に、取締役会等の役割・責務として、経営課題の俯瞰（優先順位と網羅性）と会計マネジメントの対象領域を確認するための「Board Review Sheet」を紹介する。本書で取り上げていないテーマも一部含まれているが、全体像を再確認する際の、参考にしていただきたい。下線箇所が、会計マネジメントの対象項目である。

経営課題の俯瞰と会計マネジメントの対象領域【Board Review Sheet】

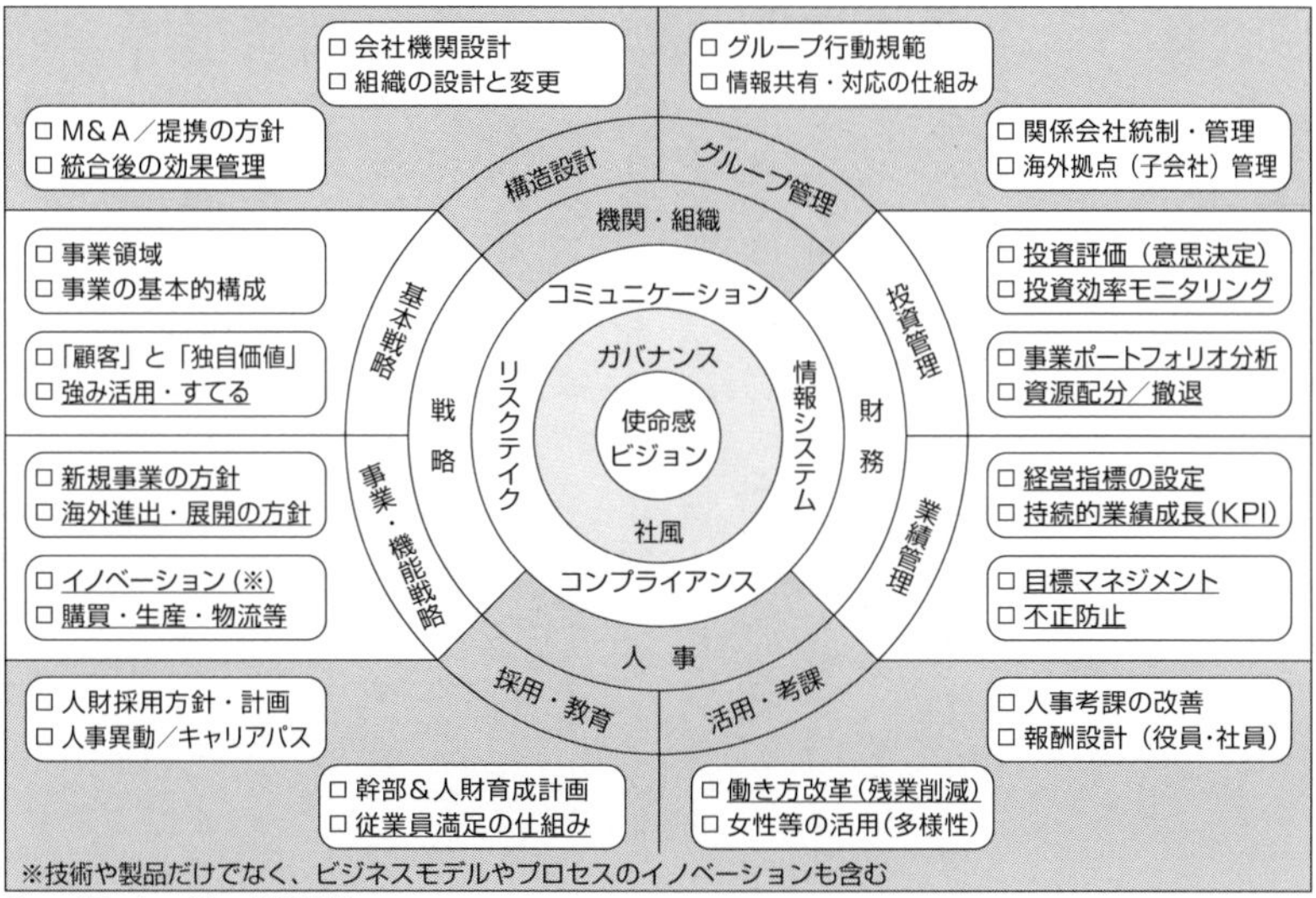

Board Review Sheet 20XX

（参考文献）

『リストラなしの「年輪経営」』塚越 寛 光文社
『レゴはなぜ世界で愛され続けているのか』デビッド・C・ロバートソン 日本経済新聞出版社
『経営者の条件』P・F・ドラッカー ダイヤモンド社
『未来企業』P・F・ドラッカー ダイヤモンド社
『マネジメント』P・F・ドラッカー ダイヤモンド社
『実践する経営者』P・F・ドラッカー ダイヤモンド社
『経営者になるためのノート』柳井 正 PHP研究所
『経営の行動指針』土光敏夫 産業能率大学出版部
『長所伸展の法則』船井幸雄・小山政彦 ビジネス社
『やりたいことをやれ』本田宗一郎 PHP研究所
『経営のコツここなりと気づいた価値は百万両』松下幸之助 PHP研究所
『スティーブ・ジョブズ驚異のイノベーション』カーマイン・ガロ 日経BP社
『マイケル・ポーターの競争戦略』ジョアン・マグレッタ 早川書房
『永続企業を創る！戦略バランスとレバレッジ会計マネジメント』星野雄滋 同文舘出版

あとがき

会計士となって30年、本書の執筆にあたっては、多くのクライアント役員の方とのお付き合いやセミナー等でお話ししてきた内容をもとにしています。この場をお借り、セミナーや勉強会の機会をいただきましたこと、改めて感謝申しあげます。

改めて、公認会計士とは英語で表わすとＣＰＡ（Certified Public Accountant）でありますが、私は常々、ＣＰＡとは、Client's Powerful Adviser であると考えています。お客様（クライアント）のためになることを日夜考え行動すること、それがＣＰＡにも求められている大切なことです。私の場合は、本書のテーマである持続的成長、さらには不正防止という点で、お役に立ちたいと思い続けています。

そのような中、２０１６年12月、日本経済新聞の私見卓見に掲載された記事「企業の価値観が不正を防ぐ」に対してご意見・ご指摘をいただき、それにお応えすることにも配慮しました。

企業の価値観
使命感
不正防止
組織風土
持続的成長
イノベーション

記事に掲載したこれらのキーワードについては、本書ですべて取り上げ、これらの関連性を考慮して、本書の構成を組み立てています。

本文にも書きましたが、私は、使命感と価値観という言葉がとても好きです。仕事は、世のため人のため、お客様（クライアント）のため、そして組織のためにあります。

この本が、少しでも使命感と価値観を表わすことができたのであれば、それにまさることはありません。

最後に、本書出版の機会を創っていただいた株式会社ロギカ書房の橋詰守氏には、私の思い・考えを受けとめて渾身的にご対応いただきましたことに、この場をお借りし、厚く御礼申し上げます。

なお、本書に記載された事項は筆者の私見であり、筆者の所属する法人等の公式見解ではないことをお断りしておきます。

２０１７年９月吉日

星野　雄滋

著者紹介

星野 雄滋（ほしの　ゆうじ）

有限責任監査法人トーマツ パートナー・公認会計士
1987年慶應義塾大学経済学部卒業後、サンワ等松青木監査法人（現 有限責任監査法人トーマツ）に入所。
会計監査や周辺業務に関するアドバイザリーパートナーとして、経営計画、人財育成等の企業の成長支援を行い、また、役員・幹部向けのセミナー・研修の講師を務めている。
専門分野：「持続的成長」「人財育成」
モットー：「絶えず本質を追求し、難しいことをわかりやすく、シンプルイズベストを実現する」
主要著書「永続企業を創る！戦略バランスとレバレッジ会計マネジメント」（同文舘出版）
主要記事「私見卓見～企業の価値観が不正を防ぐ～」（日本経済新聞　2016年12月14日）

経営会計
経営者に必要な本物の「会計力」。

発行日　2017年11月15日
著　者　星野 雄滋
発行者　橋詰 守
発行所　株式会社 ロギカ書房
〒101-0052
東京都千代田区神田小川町2丁目8番地
進盛ビル303
Tel 03（5244）5143
Fax 03（5244）5144
http://www.logicashobo.co.jp/
印刷・製本　藤原印刷株式会社

978-4-909090-08-9　C2034

ロギカ書房の好評既刊書

法人税制
1980 年代から現在までの変遷

日本経済団体連合会参与
阿部 泰久

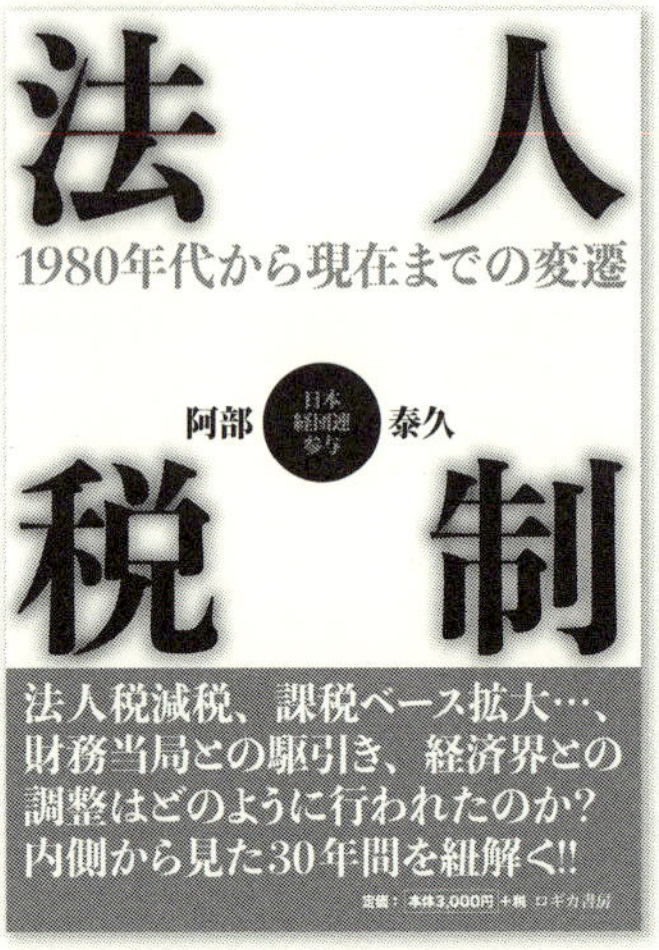

A5 判・320 頁・並製
定価：3,000 円+税

法人税減税、課税ベース拡大…、
財務当局との駆引き、経済界との調整は
どのように行われたのか?
内側から見た 30 年間を紐解く

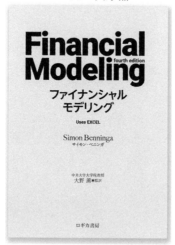